JN147272

おうちでうちなーごはん!

絵と文・はやかわゆきこ

ボーダーインク

料理が好きだった亡き父へ。そして、
うちなーごはんを愛するみなさんへ。

おうちでごはんは安心するね。
まってるあいだもいいにおい。
いっしょにつくれば楽しいし。
みんなで食べるとおいしいし。
うちなーごはんならもっといい。
沖縄の太陽をいっぱいにあびてそだった島野菜や海の幸は、
からだにやさしい「くすいむん」。
自然の恵みに感謝して、つくられてきた毎日のごはんこそ、
知恵のつまった「ぬちぐすぃ」。
こころもからだもおさいふも、ほっとしてあたたかくなれる。
だから、おうちでうちなーごはん！

家庭の味

—はじめに—

▼沖縄に来た当初は、はじめて目にする島野菜の数々に感動したものです。当時は今ほど島野菜に関する情報も多くはなく、自己流で調理して失敗したこともありました。そこで一念発起、縁あって沖縄で暮らすことになったのだから、沖縄の郷土料理を学んで身につけようと思いました。当時長女は三歳前、長男はまだ一歳になっていませんでしたが、料理学校の近くに時間あずかりの保育ルームを見つけ、週一回、琉球料理の講座に通いました。

▼琉球料理には、大きく分けて宮廷料理と庶民の家庭料理があります。美しく手の込んだ宮廷料理も素晴らしいのですが、日々子育てに追われる身の私は、沖縄の人々が身のまわりにある食材を工夫し、生かして、培ってきた家庭料理に大きな魅力を感じました。その後、次女も誕生し、幼い子どもたちとあわただしく過ごす日々、時には外食やお弁当、食材宅配のお世話にもなりました。が、自分なりにできるだけ地元で採れた食材を利用して手作りの食事を…と心がけてきました。

▼そんな日々も十年あまりとなり、なちぶー(泣き虫)だった長男が六年生になったある時、日記にこんなことを書いてくれました。「僕が家のおかずで好きなもののナンバーワンは、ゴーヤーチャンプルーです。理由は、母のチャンプルーは豆腐の外側がパリッと焼き色がついて、焼きかげんが絶妙だからです。近所の有名な○△食堂よりおいしいと、僕は思い

ます。」…思いがけないほめ言葉にびっくりすると同時に、今まで頑張ってごはんを作ってきてよかったら〜と思った瞬間でした。

▼さて、その後のこと、チャンプルーを作る時に豆腐を焼くのが以前より楽しくなっていることに気がつきました。そう、長男のひとことのおかげで自信がついたのでしょう。「絶妙の焼きかげん」を意識して、丁寧に…、きっとおいしさもアップしているはずです。たぶん、それぞれの「家庭の味」というのはこんなふうに日常の家族とのやりとりの中でつくられていくのですね。

▼この本では、島野菜の紹介を中心に、私と家族を育ててくれた「うちなーごはん（沖縄の家庭料理）」の魅力あふれる世界を描いていきたいと思います。

若き日の失敗の巻
シマナー？ふつうの青菜かな？
シマナー ¥150-
と、勝手に解釈して…
そのまま炒め物にしたら…
ジャーッ
ホントに洗って、切って、ツナと一緒に炒めただけ
辛《から》っ!!
苦《にが》っ!!
大失敗でした。
私
夫

＊シマナー（からしな）は、塩漬けにするか、ゆでてから使いましょう！

おうちでうちなーごはん！

おうちでうちなーごはん！　もくじ

家庭の味　―はじめに―　4

【うちなーごはんの基本】

ゆでた豚三枚肉を常備しよう！　14
三枚肉のゆで方　15
おいしいだしをとろう！　16
かつおだしのとり方　17
豚だしのとり方　18
豚肉の方言名称　19
チャンプルー　20
チャンプルーの基本！　21
ンブシー　22
ンブシーの基本！　23
イリチー　24
イリチーの基本！　25
副菜でひと工夫　26
基本の合わせ酢　27

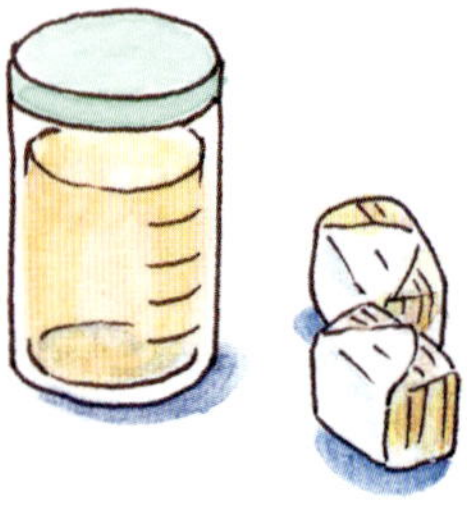

【夏】

ゴーヤー（にがうり）　30
さわやかゴーヤーサラダ　31
ゴーヤースカッシュ　31
ゴーヤーチャンプルー　32
ゴーヤーンブシー　32
アンダンスー　33
お弁当に合う〝うちなーおかず〟　33
ナーベーラー（へちま）　36
ナーベーラーンブシー　37
ナーベーラーの酢みそあえ　37
シブイ（とうがん）　38
とうがんのすり流し　39
シブイのあっさりサラダ　39
ウンチェー（えんさい）　40
ウンチェータシヤー　41
ウンチェーのあえ物三種　41
ネリ（おくら）　42
オクラとトマトの彩りサラダ　43
オクラの梅おかかあえ　43
豆腐　46

【秋】

シークヮーサー（しぃくゎしゃー） 50
カンダバー（さつまいもの葉） 51
カンダバージューシー 51
ンム（さつまいも）**、紅芋** 52
紅芋のきんとん 53
ウムワカシー（芋わかし） 53
クヮンソウ（かんぞう） 54
クヮンソウのおひたし 54
クヮンソウと牛肉のお汁 55
シマナー（からしな） 56
チキナーのつくり方 56
チキナータシヤー 57
チキナーチャーハン 57
パパヤー（ぱぱいあ） 58
パパヤーイリチー 59
パパヤーとソーキ骨のお汁 59
マーミナー（もやし） 60
カシジェーエーイ 60
ミミガーサシミ 61
マーミナーチャンプルー 61
ソーミン・フー 64
ソーミンタシヤー 64
フーイリチー 64
調味料 65

【冬】

ターンム（田芋）**、**
タームジ・ムジ（ずいき） 68
ドゥルワカシー 69
ターンムディンガク 70
大根いろいろ利用法 74
デークニ（大根）**、**
デークニバー（大根葉） 75
大根のりんご酢漬け 75
ヌンクゥ小 76
ソーキ骨のお汁 77
ンスナバー（ふだんそう） 78
ンスナバーンブシー 79
ンスナバースーネー 79
チデークニ（島にんじん） 82
チムシンジ 83
やちむん（焼物） 84

【春】

シマラッキョウ（らっきょう） 90
　シマラッキョウのはちみつ漬け 90
　ラッキョウチャンプルー 91
　シマラッキョウの浅漬け 91
　シマラッキョウの天ぷら 91
ハンダマ（すいぜんじな） 92
　ハンダマとトゥーナーのさっと炒め 92
フーチバー（よもぎ） 93
　フーチバージューシー 93
グンボー（ごぼう） 94
　ごぼうの肉巻き 95
　グンボーイリチー 95
ンジャナ・ンジャナバー（ほそばわだん） 96
　ンジャナバーエーイ 96
チョーミーグサ（ぼたんぼうふう） 97
　チョーミーグサと牛肉のお汁 97
イマイユ（鮮魚） 98
　白身魚のマース煮 99
イーチョーバー（ういきょう） 100
海藻 102
　クーブイリチー 102
　アーサ汁 102
　モーイ豆腐 103
　スヌイ、いろいろ 103

【コラム】

ウリ類の季節 34
三つの「見る」 44
それぞれの一品 62
　にんじんシリシリー 63
ベランダのアタイグヮー 72
元気になぁれ 80
朝ジューシーのススメ 86
食べ物を運ぶ時に…〝サン〟 88
イリチー七変化 101
うちなーごはんで行こう！ 104
わらべうた（ちんくゎーん とーふぁん） 47
わらべうた（にょーよー にょー） 71
うちなーごはんのコトバ① 28
うちなーごはんのコトバ② 48
うちなーごはんのコトバ③ 66

あとがき 107
おもな参考文献・ウェブサイト 110

この本について

本書は、二〇〇八年四月から二〇〇九年三月まで「週刊ほーむぷらざ」（タイムス住宅新聞社）に連載された「おうちでうちなーごはん！」に大幅に加筆・修正して再構成し、さらに書き下ろしの項目を加えています。

・レシピの材料の重さは正味量（皮などを取りのぞいた、実際に食べる分の重さ）で記載しています。

・大さじ1は15㎖（15㏄）、小さじ1は5㎖（5㏄）、1カップは200㎖（200㏄）です。

・この本では、沖縄の家庭料理のことを「うちなーごはん」と呼んでいます。

・食材の旬や、よく食べられる時期などを考慮して、夏・秋・冬・春とゆるやかに分けています。

・方言や方言名は地域によって違いがありますので、そのうちのひとつまたはいくつかをのせています。

・この本のレシピは、松本料理学院で習ったものを中心に、うちなーんちゅの友人や市場のアンマー（お母さん）に教えてもらったものなども含まれます。また、くり返し作るうちに自分なりに作りやすいようにアレンジした部分もあります。読者の皆さんもご自身で味を見ながら、それぞれのご家庭の味を見つけていってください。

うちなーごはんの基本

ゆでた豚三枚肉を常備しよう！

▼チャンプルー、ンブシー、イリチーなど、多くのうちなーメニューに使われる豚の三枚肉（バラ肉）は、あらかじめ下ゆでしてから料理するのが基本です。かたまりのままじっくりとゆでることにより、脂肪分は約半分に減らせるそうです。

▼近年では、いわゆる「ポーク」（加工豚肉の缶詰）を使うことも多くなっているようですが、同じ豚肉とはいえ、塩分や脂肪分が高くなってしまいます。「長寿の源」とも言われるヘルシーな「うちなーごはん」を実現するためには、ぜひとも「ゆでた三枚肉」を使いたいと思います。

▼ただ、毎回「三枚肉をじっくりゆでる」ところから料理を始めていたのでは、時間がいくらあっても足りません。そこで私は、時間に余裕のある時やお肉の安い日に、まとめてゆでて保存しておくようにしています。冷蔵庫の中に、ゆでた三枚肉が並んでいると安心します。これさえあれば、すぐに料理に取りかかれます。季節の野菜と島豆腐で、さあ、今日もおいしい「うちなーごはん」を作りましょう！

▼ゆで汁も、脂を取りのぞけば「豚だし」として利用できます。（18ページ参照）

三枚肉のゆで方

三枚肉のえらび方

脂肪が白く、肉のよい香りがするもの。

肉の部分はピンクでツヤのあるもの。

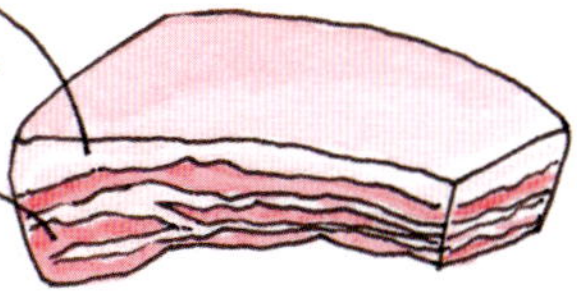

表・裏両面をよく見て、きれいな層になっているもの。

三枚肉は信頼できるお店で品質のよいものを！

1. 大きめの鍋に、かたまりの三枚肉とたっぷりの水を入れて火にかける。

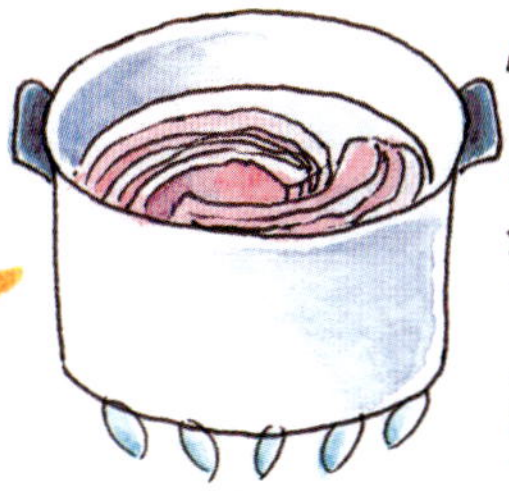
肉は、きれいに洗ってから
煮立つまでは強火！

2. 煮立ってアクや脂が出てきたら火を弱め、ていねいにすくいとる。

アク、脂は鍋のはしに寄せながら根気よくとる。

アクや脂はボロ布などに吸わせて処分（流さない）
チラシで折ったゴミ入れ
ボロ布など

3. フツフツと沸く程度の火かげんで肉がやわらかくなるまでゆでる。（竹ぐしがスッと通るくらい）

4. ゆで上ったら、ゆで汁につけたまましばらく冷ます。

乾燥しないように、汁につけたまま冷ます。

ゆで汁を豚だしとして活用する方法は18ページ

5. あら熱がとれたら使いやすい大きさに切りわけ、ラップに包んで冷凍しておく。

100g程度

2〜3日うちに使うなら、冷蔵保存でもよい。

おいしいだしをとろう！

▼うちなーごはんのメニューには、イリチー、ンブシー、汁物にジューシーと、「だし」をふんだんに使うものがたくさんあります。「だし」の味に左右されるとも言えますが、逆に言えば「だし」がおいしければ間違いのない味に仕上がります。少し手間はかかっても、心を込めておいしい「だし」をとることは、結局は成功への近道なのだと思います。

▼伝統的な琉球料理では「豚だし」と「かつおだし」を合わせて使うことが多く、どちらも濃いめにとることが特徴です。沖縄の方言に「味クーター」という言葉がありますが、これはまさに濃厚な「だし」が素材にたっぷりと煮含められた深みのあるうま味を言い表した言葉だと思います。

▼削りたてのかつお節でとった「だし」は、本当に香りがよく、格別です。時間がなくて、市販の「だしパック」や「粉末だし」を使う日もありますが、そんな時も、削りたてのかつお節を加えると（追いがつお）風味がずいぶんよくなります。

▼気どらないふだんのおかずも、ひと口食べた時にほっとするやさしい味にしてくれる…、おいしい「だし」は、おうちのごはんの心強い味方だと思います。

かつおだしのとり方

1. 水5カップを火にかけ、沸とうしたら火を弱めて2〜3カップの削りがつおを入れます。

削りがつおがゆっくり動く程度の火かげん

分量は、どんな削りがつおを使うかによっても変わるので、身近なお料理名人から、じかに習うとBestかも!

2. アクをとりながら2〜3分煮出します。

長く煮すぎると、苦味が出るので気をつけて。

3. ザルでこしてできあがり!

細かくこすならふきんか油こし紙を使う!

*急ぐ時は、あみじゃくしですくいとれば、カンタン!

手間は一緒なので多めにとって保存しておけば、煮物、汁物、あえ物に、すぐ使えて便利です。

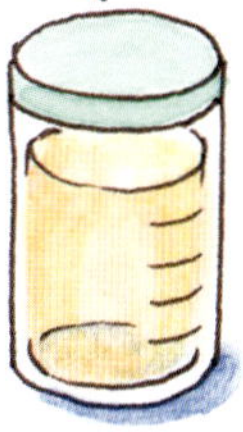

冷蔵庫で2日くらいはOKです

だしをとったあとのかつおぶし 利用法

①つくだ煮

(お好みで砂糖)

汁気がなくなるまで煮る。

②ふりかけ

オーブンで焼いてもOK!

ゴマやちりめんじゃこを加えても!

パラパラになるまで炒る。

かつお節を削るのは楽しい♥

味見もまた楽しい♥

うん!生でもおいしい!

削りたてのかつお節は、あえ物に使っても、ばつぐんにおいしくなります!

豚だしのとり方

材料
豚だし骨…約500g
水 …… 10カップ

1. だし骨に熱湯をかけてから、水で洗い流す。

よごれをきれいに落とす

2. 大きめの鍋に、1と水を入れて強火にかける。

煮立つまでは強火

3. 煮立ってアクや脂が出てきたら、火を弱め、ていねいにすくいとる。

アク、脂は、鍋のはしに寄せながら根気よくとる。

フツフツと沸く程度の火かげんでじっくり煮出す。（1〜1.5時間くらい）

4. じゅうぶんだしが出たら、ザルでこす。

三枚肉のゆで汁を、豚だしとして活用する

ジョートーなお肉ならゆで汁もおいしい。

三枚肉のゆで方は、15ページ

1. ゆで汁はボウルにうつし、冷蔵庫で一晩冷やしておく。

冷えると脂が白くかたまる

2. 翌日、表面にかたまった脂をスプーンでとりのぞき、油こし紙を敷いたざるでゆで汁をこす。

3. 100〜200mlくらいずつ分けて、冷凍しておくと便利。

少量ずつ使うなら製氷皿で凍らせる

冷凍庫もスッキリ!

豚肉の方言名称（沖縄大百科事典より）

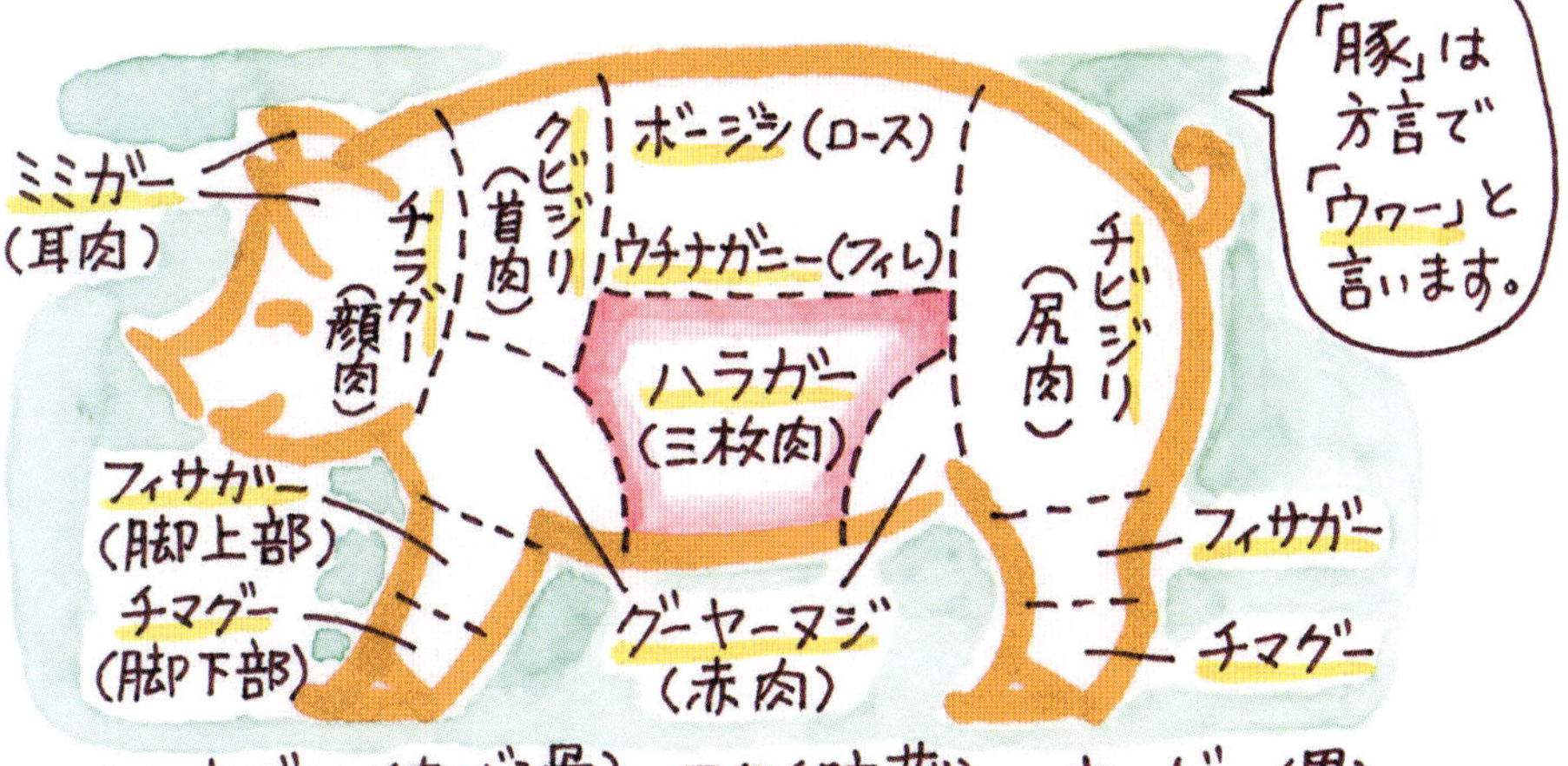

・ソーキブニー（あばら骨）・フク（肺臓）・ウフゲー（胃）
・チム（肝臓）・フクマーミ（心臓）・ウフワター（大腸）
・マーミ（腎臓）・タキーマーミ（すい臓）・イーワター（小腸）

沖縄では「鳴き声以外はすべて食べつくす」と言われる豚肉。隅々まで方言名があることが、いかに人々が豚肉を無駄なく活用して来たかを示しているようです。長い歴史の中で、多様な料理が生まれましたが、どれも丁寧に下処理をすることが特徴です。

チャンプルー

▼チャンプルーは沖縄の代表的な家庭料理で、島豆腐と季節の野菜、豚肉などを合わせた炒め物です。ただの野菜炒めではなく、必ず豆腐（沖縄の島豆腐）が入ります。豆腐の植物性たんぱく質、豚肉の動物性たんぱく質、そして野菜のビタミンやミネラルと、一皿でバランスよく栄養がとれます。

▼簡単に手早くできて、毎日でも飽きないおいしさです。入れる野菜の名前を上につけて、「〇〇チャンプルー」と呼びます。

▼水気を切った島豆腐を（包丁を使わず）手で大きめにちぎり、色よく焼くのがポイントです。

※「ソーミンチャンプルー」は例外で、本来は「ソーミンタシヤー」または「ソーミンプットゥルー」と呼ぶそうです。

チャンプルーによく使う野菜

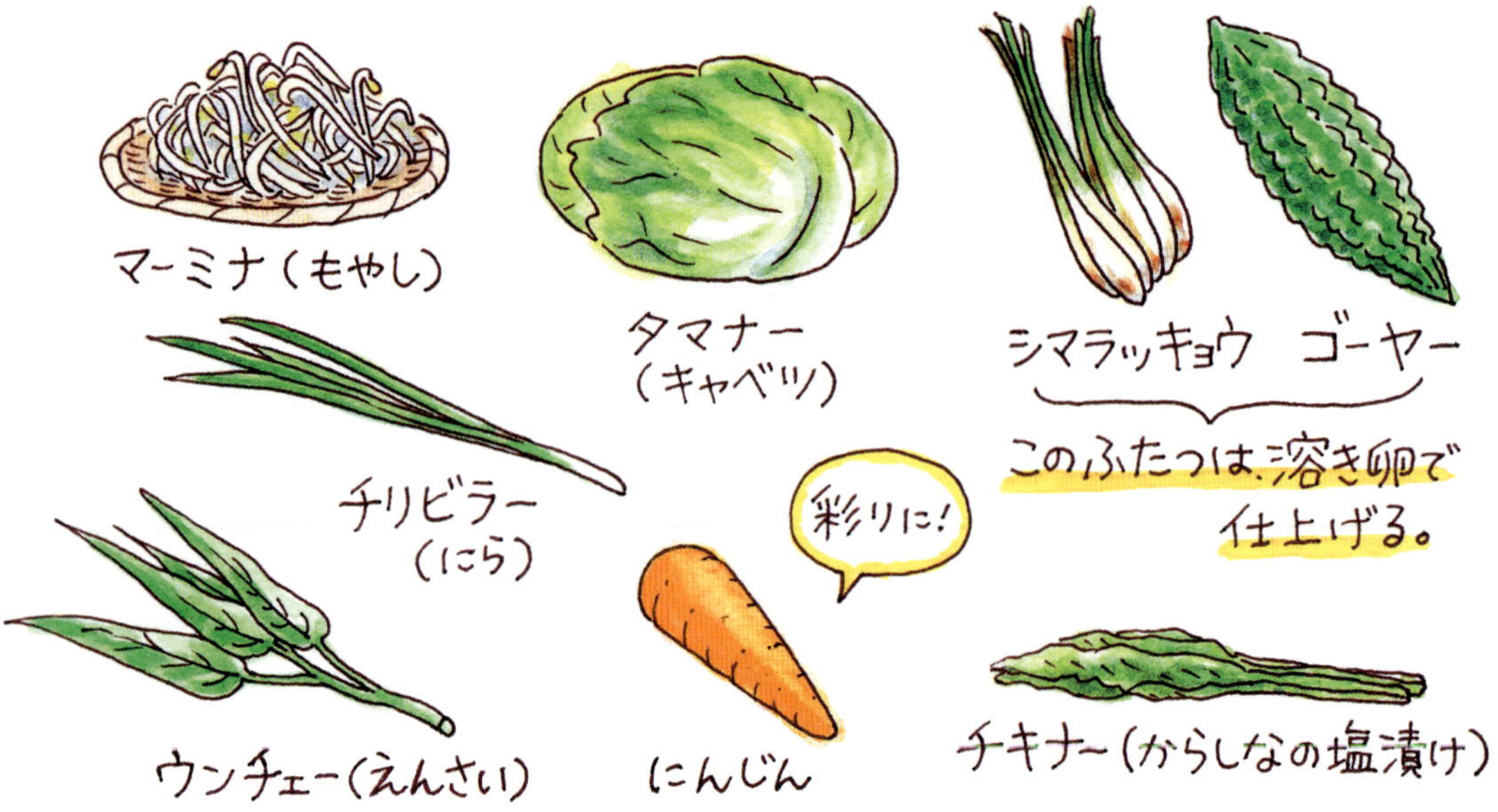
マーミナ（もやし）
タマナー（キャベツ）
シマラッキョウ
ゴーヤー
このふたつは、溶き卵で仕上げる。
チリビラー（にら）
彩りに！
ウンチェー（えんさい）
にんじん
チキナー（からしなの塩漬け）

チャンプルーの基本！

材料（下準備）

- しょうゆ
- 削りがつお
- （・溶き卵）
  ↑ゴーヤーとシマラッキョウの場合。
- 島豆腐
  手でちぎって水を切っておく
- 季節の野菜
  食べやすく切る
- 豚三枚肉（ゆでたもの）
  短冊切り
- 油
- 塩

1. 鍋に油を入れて よ・く・熱・して 島豆腐を焼く。

ていねいに焼き色をつける。

鍋の熱し方が足りないと豆腐がこびりついてしまうので、じゅうぶん熱しておく！

2. 表面がきつね色になったら、取り出しておく。

このままでもおいしそ〜！

3. 同じ鍋に三枚肉を入れて焼く。

脂がはねるのでアルミホイルをかぶせるとよい

三枚肉の脂がジリジリと溶け出すまで焼く。

足りないようなら油を足す

4. 3の鍋に野菜を加えて、全体に火が通ったら、塩、2の豆腐、削りがつおを入れる。

5. 香りづけに鍋肌からしょうゆをまわし入れ、仕上げる。

鍋肌でジューッと焼いて香りを出す。

＊ゴーヤー、シマラッキョウの場合は、最後に溶き卵をからめる。

ンブシー

▼ンブシーは、季節の野菜と豚肉、島豆腐などをだしとみそで煮込んだコクのある煮物です。主に果菜類や葉菜類で作ります。みそ味がなじむまでじっくり煮込むので、野菜がたくさん食べられます。ご飯によく合う、素朴で味わい深い料理です。

▼「ナーベーラーンブシー」は「ゴーヤーチャンプルー」と並ぶ、うちなーごはんの定番メニューです。

▼入れる野菜の名前を上につけて、「〇〇ンブシー」と呼びます。地域によって「ンブサー」「ウブサー」など、呼び方も少しずつ違います。

▼みそ味がしっかりしているので、お弁当のおかずにも適しています。

ンブシーによく使う野菜

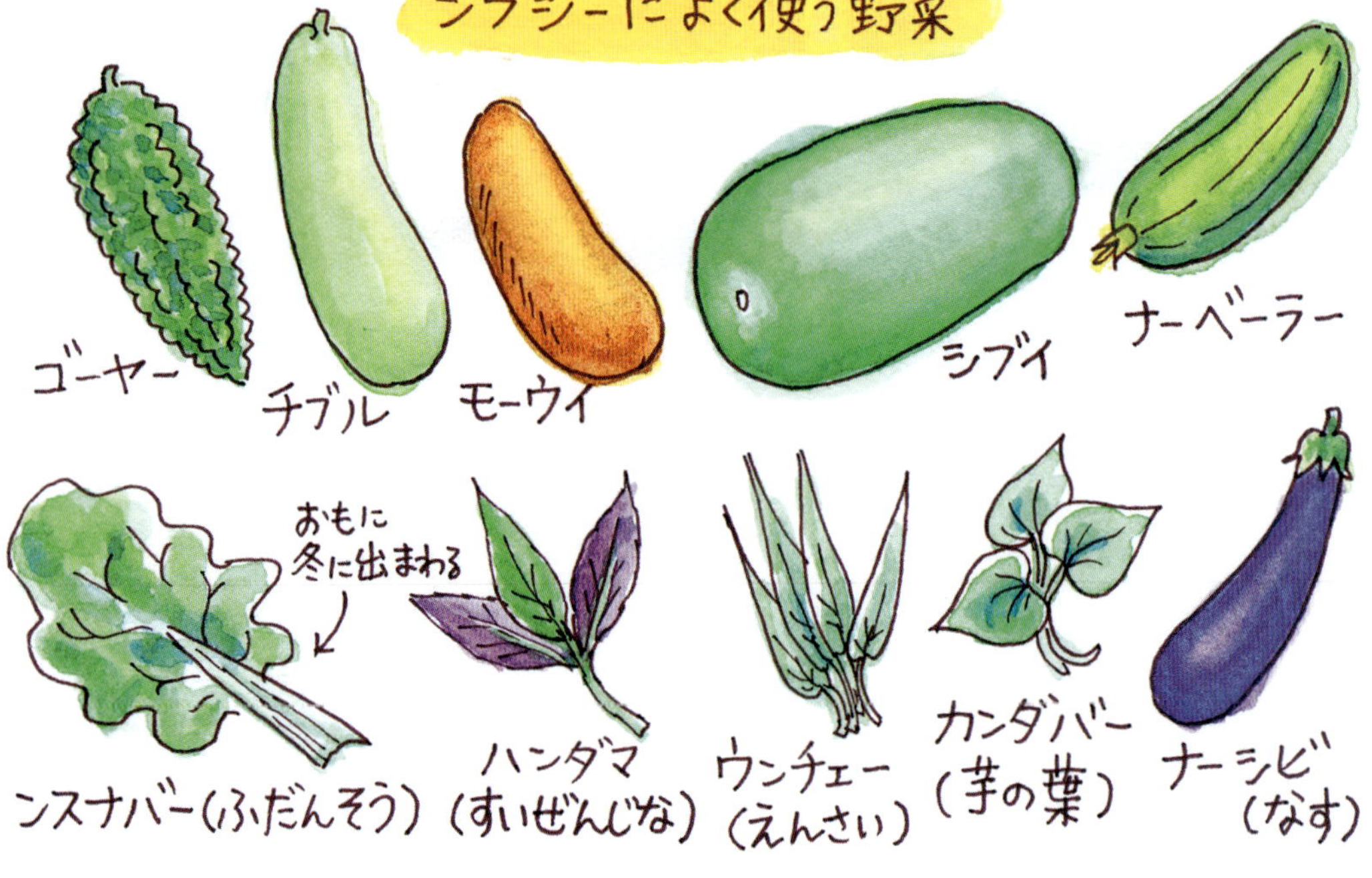
ゴーヤー
チブル
モーウイ
シブイ
ナーベーラー
おもに
冬に出まわる
ンスナバー（ふだんそう）
ハンダマ
（すいぜんじな）
ウンチェー
（えんさい）
カンダバー
（芋の葉）
ナーシビ
（なす）

ンブシーの基本！

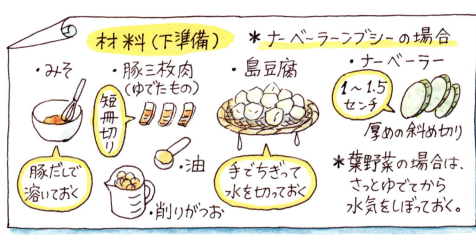

材料（下準備） ＊ナーベーラーンブシーの場合

・みそ
豚だしで溶いておく

・豚三枚肉（ゆでたもの）
短冊切り

・油

・削りがつお

・島豆腐
手でちぎって水を切っておく

・ナーベーラー
1～1.5センチ
厚めの斜め切り

＊葉野菜の場合は、さっとゆでてから水気をしぼっておく。

1. 鍋に油を熱して豚三枚肉を入れる。
三枚肉の脂が溶けてくるまで

2. ナーベーラー（野菜）を加えてよく炒める。
全体に脂がまわるように！
強火で

3. 全体に脂がまわってしんなりしたら、豚だし（かつおだしでもよい）で溶いたみそを加えてまぜ、味がなじむまで煮る。
だしで溶いたみそ
弱めの中火で
みそを入れたら、コゲつかないように注意。

4. 仕上げす前に豆腐、削りがつおを入れ、みそをなじませる。
島豆腐
削りがつお
ドゥージル（素材から出る汁）が出て、トローリと濃度のついた仕上がりになれば、大成功！

イリチー

▼イリチーは、乾物や根菜類を豚肉とともに炒め、だし汁でじっくりと煮る炒め煮です。

▼炒める時に材料全体に油をまわすこと、煮ている途中で水分が少なくなったら、だし汁をくり返し加えて材料が柔らかくなるまで煮含めるのがポイントです。

▼煮汁のうま味をすっかり吸い込んで、濃厚な深い味わいとなります。翌日にはさらに味がしみ込んでおいしくなります。

▼代表格の「クーブイリチー」は、お祝いの席にも欠かせない料理の一つです。

▼入れる具材の名前を上につけて「〇〇イリチー」と呼びます。地域によって「イーキ」「イリチャー」などとも言います。

イリチーによく使う食材

グンボー（ごぼう）
フー（車麩）
カンピョウ（ゆうがお）
クーブ（昆布）
ウカラ（おから）
せん切り（切り干し大根）
デークニ（だいこん）
ひじき

イリチーの基本！

材料（下準備）

・だし汁
・しょうゆ
・油
・塩

・昆布
水にもどしてせん切り。

・豚三枚肉（ゆでたもの）
短冊切り

＊せん切りイリチーの場合

・切干大根
さっと洗って10～15分水につけてもどし、水気を切る。
もどし汁もとっておく。（昆布のもどし汁でもどちらでもお好みで。）

1. 鍋に油を熱して豚三枚肉を入れる。

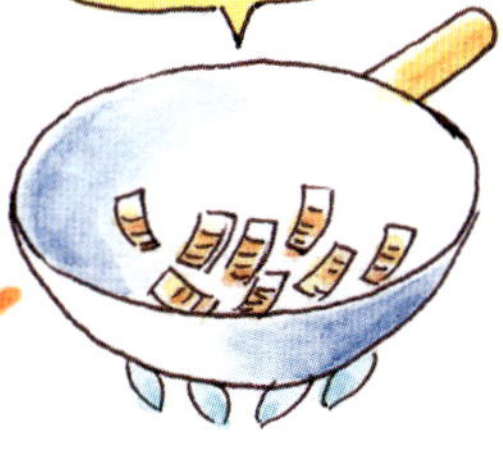

三枚肉の脂が溶けてくるまで

2. 切干大根と昆布を加えてよく炒める。

全体に脂がまわるように！

どのイリチーでも基本はいっしょ！『全体に脂をまわす』のがポイントです。

3. 最初の1～2回はもどし汁を、次にだし汁を数回に分けて加えながら、ゆっくり煮る。

一度に大量に入れないで、「減ったら足す」をくり返す！

コゲつかないように、鍋肌からまわし入れる。

もどし汁&だし汁

汁気が蒸発しすぎないように、キッチンペーパーの落としぶたをして煮る。（密閉はしない。）

弱めの中火くらい

4. 3が柔らかくなったら、塩、しょうゆを加えて、味がしみ込むまで煮込む。

汁気を少し残してしっとりと仕上げる！

うま味たっぷり！

キッチンペーパーの落としぶたの作り方

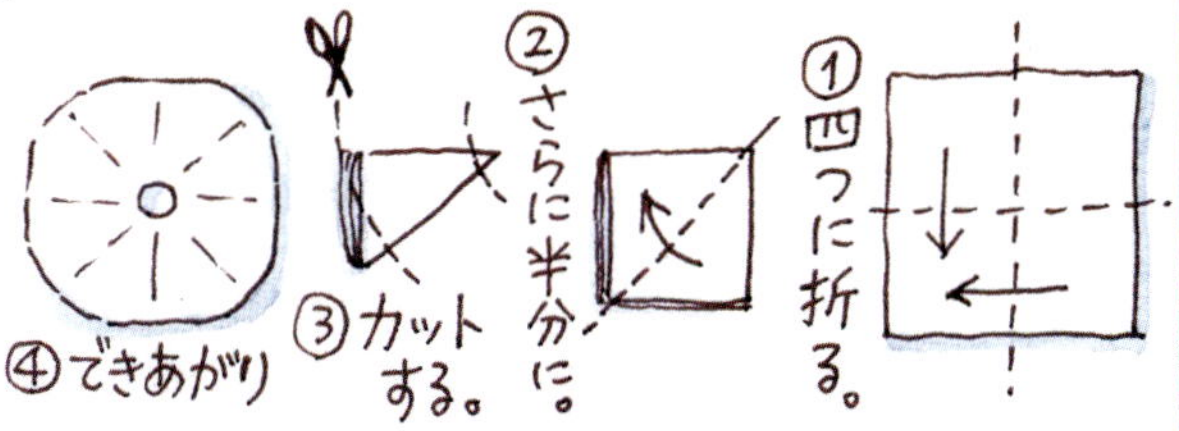

①四つに折る。
②さらに半分に。
③カットする。
④できあがり

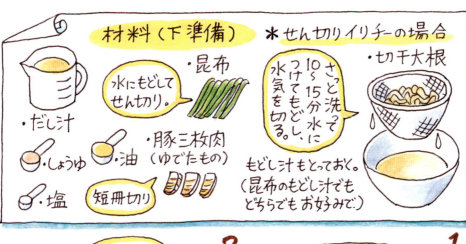

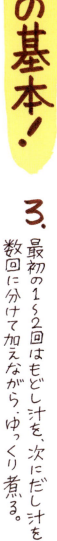

副菜でひと工夫

▼うちなーごはんの主菜は、チャンプルーやンブシーなど豚肉を使った比較的ボリュームのあるメニューが目立ちます。そこで、献立に欠かせないのが、あっさりとした副菜です。

▼副菜にもいろいろありますが、私がなるべく食卓にのせたいなと思うのは、方言でウサチ、エーイ、スーネー、ナマシ、サシミ…などと呼ばれる「酢の物」や「あえ物」です。

▼旬の野菜や海藻を使った副菜が一品加わることで、季節感を味わえますし、ビタミンやミネラルなど栄養面でもプラスになります。

▼うちなーごはんの「酢の物」と言えば、まずは「スヌイ（もずく）の酢の物」でしょうか。太くて柔らかい沖縄産のもずくが、さっぱりたっぷり食べられます。

▼もうひとつ、沖縄の代表的な「あえ物」をあげるなら「ミミガーサシミ」でしょう。コクのある「ピーナッツ酢」であえたミミガーのクラゲのような食感が魅力です。

▼また、ンジャナを島豆腐の衣で包み込んだ「ンジャナバーエーイ（苦菜の白あえ）」は、豆腐と合わせることでまろやかになったンジャナの苦味がなんとも言えないおいしさです。

▼その他にも、さっと塩もみしたり、酢じょうゆ、ゴマあえ、からしあえ、酢みそあえなど、主菜に合わせて工夫してみると、いつもの食卓がより豊かになります。小さなおかずだけれど、副菜のレパートリーを増やすことは、おうちのごはんをランクアップするポイントになるかも知れませんね。

みそ＆みりん少々
を加えると「酢みそ」

すりゴマ＆しょうゆ
を加えると「ゴマ酢」

からしや梅肉
を加えても!

基本の合わせ酢・材料

・酢 ････ 1カップ(200ml)
・さとう ････ 大さじ4〜5
・塩 ････ 小さじ2〜大さじ1
(お好みで加減して下さい。)

ベースになる「合わせ酢」を常備しておくと、いつでもカンタンに「あえ物」が作れます!

あえ物を手軽に!

ガラスの容器で保存

合わせ酢に同量のだし汁を加えると、マイルドな「酢の物」に!

だし汁としょうゆを加えて…

白みそとピーナッツバターを加えると、「ピーナッツ酢」

さっぱり

スヌイの酢の物

コクうま!

ミミガーサシミ

定番酢の物

さわやか!

きゅうりとワカメの酢の物

あえ物をおいしく仕上げるには…

① 材料の水気をしっかり切っておく。
② 材料をじゅうぶんに冷ましておく。
③ 食べる直前にあえる。

水っぽいとおいしくないよ〜

ふんわりとまんべんなく味をからめる

「おいしくなあれ」と、心をこめて、

もりつけは山高く!

立体的に…

うちなーごはんのコトバ①

（料理に関するウチナーグチ）

・クスイムン … 体にいい食べ物。

・ヌチグスイ … 命の薬、長寿の薬、転じて非常においしいもの。

・ティーアンダ … 直訳すると「手の油」。念入りに料理すること。

・アジクーター … 奥深い味わい、滋味のある味をあらわす。

・アチコーコー … 熱々の、できたてホヤホヤの。

夏

周辺の空気までも明るくするような、ナーベーラーの畑♥

ゴーヤー（にがうり）

ウリ科

◆今や方言名「ゴーヤー」で通じるほど有名になった沖縄野菜の顔とも言える存在です。最近では「緑のカーテン」の代表格として全国的に親しまれていますが、沖縄では古くから民家の庭先にゴーヤー棚が作られ、食用ばかりでなく夏の日差しをさえぎる役割を兼ねていました。その下で涼むと夏まけしないと伝えられ、また葉をもんでおふろに入れるとあせもによいとして人々の生活の中で利用されてきました。

♠チャンプルーのほか、ンブシー、天ぷら、あえ物、ジュースなどに。調理の前にさっとゆでるか塩もみすると、苦味がやわらぎます。

♥ビタミンCが豊富で、加熱してもこわれにくいのが特長です。独特の苦味成分は胃腸を刺激して食欲を増す働きがあり、夏バテ防止の心強い味方と言えるでしょう。

♣最近はハウスものもあり、年中出まわっていますが、旬は6～8月です。梅雨が明けて、太陽光線が強くなったらゴーヤーの季節です！緑が濃く、イボイボに張りがあってしっかりと重みのあるものを選びます。中の種とわたをきれいに取って保存すると日もちしますが、なるべく早く使うのが基本です。

ゴーヤーの下ごしらえ

1. 切る前によく洗う。

切ってから洗うと水っぽくなってしまうのでかならず丸ごと洗う！

2. 縦半分に切り、スプーンで種とわたをとりのぞく。

まな板の上にしっかり安定させて！

わたも、天ぷらや卵焼きにして食べられます。

＊丸い形を生かしたい場合は、輪切りにしてから種とわたを取る。

肉づめなどに！

はじめての人にも、きっとおいしい！

さわやかゴーヤーサラダ

材料（2～3人分）	
ゴーヤー	100g
鶏ささみ	50g
酒	少々
塩	少々
にんじん	30g
セロリ	1/2本
ドレッシング　サラダ油	大さじ3
酢	大さじ2
塩	小さじ1/2
こしょう	少々
おろし玉ねぎ	大さじ1/2
トマトケチャップ	大さじ1/2

1. ゴーヤーはうす切りにして冷水にはなし、水気を切る。

生で食べるのでできるだけうすく切る！

2. 鶏ささみは酒、塩をふって、蒸し、繊維にそってちぎる。（電子レンジでも可）

3. にんじんはうすい短冊切り。

＊ゴーヤーに合わせてギザギザの飾り切りにするとさらにきれい！

4. セロリは斜めうす切り。

5. 材料をすべてボールに入れ、よく混ぜ合わせたドレッシングであえる。

おろし玉ねぎとトマトケチャップがおいしさのヒミツ！

このサラダにはぜひともこのドレッシングを合わせてね！

苦み、スッキリ！

ゴーヤースカッシュ

材料（4人分）	
ゴーヤー絞り汁	1/4カップ
シロップ　さとう	1/4カップ
水	1/4カップ
レモン汁	大さじ3
炭酸水（7upなど）	3カップ
レモンのうす切り	4枚
氷	適量

1. 水とさとうを煮溶かしてシロップをつくり、冷ましておく。

2. ゴーヤーは洗って、外側の緑の部分だけをおろし金でおろし、ふきんでしぼる。

3. 2に、シロップとレモン汁を加え混ぜ、氷を入れたグラスに入れ、炭酸水を静かにそそぎ入れる。

4. レモンのうす切りをうかせていただく。

材料はそれぞれ多めに用意しておき、好みに応じて調整するとよい。

うちなーごはんの代表選手！

ゴーヤーチャンプルー

下準備

ゴーヤーは好みの厚さに切る。

軽く塩をし、水気を切る。

豚三枚肉は短冊切り

島豆腐は手でちぎり水気を切る。

卵はよく溶きほぐす。

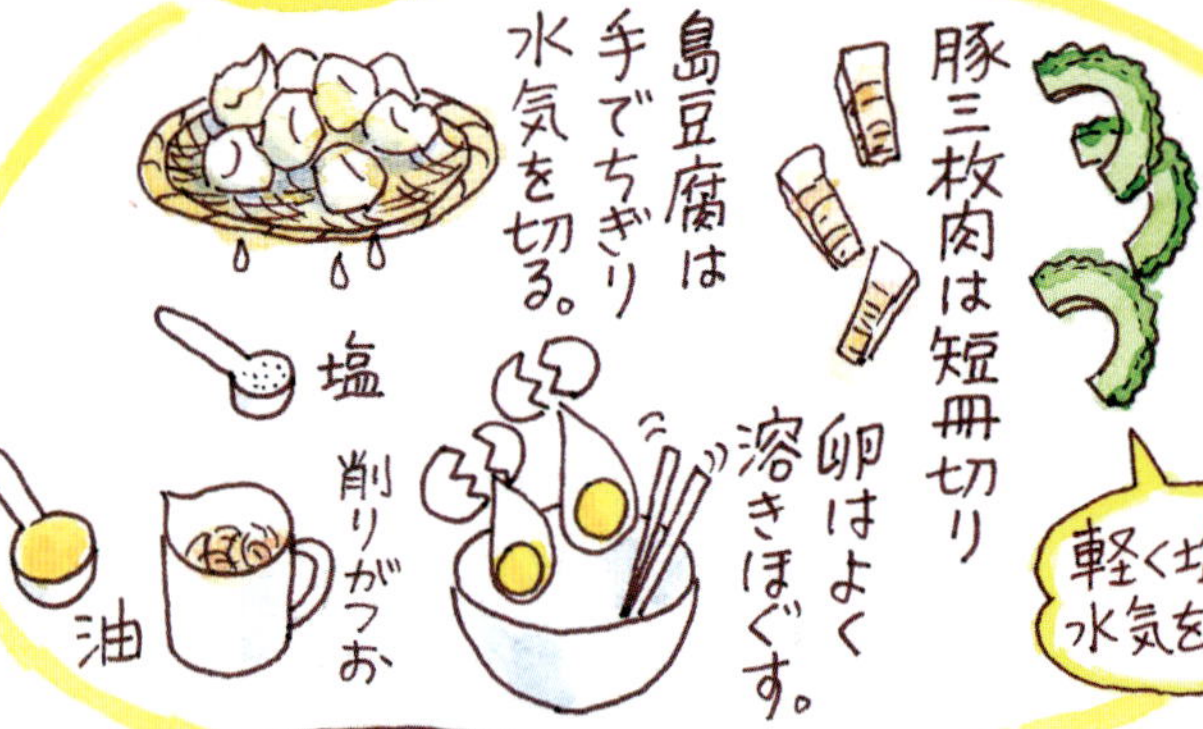

材料（4人分）	
ゴーヤー	小さめ2本（約400g）
ゆでた豚三枚肉	100g
島豆腐	1/2丁（約300g）
塩	小さじ1弱
削りがつお	1/2カップ
油	適量
卵	2個
しょうゆ	少々

下準備ができたら21ページの「チャンプルーの基本」の手順で作る。

しっとり、ほろ苦みそ味！

ゴーヤーンブシー

下準備

ゴーヤーは一センチの厚さに切る。

豚三枚肉は短冊切り。

みそはだしに溶かしておく。

材料（4人分）	
ゴーヤー	小さめ2本（約400g）
ゆでた豚三枚肉	100g
油	適量
豚だし	1〜1 1/2カップ
みそ	70g
削りがつお	1/2カップ

下準備ができたら23ページの「ンブシーの基本」の手順で作る。

ごはんがすすむ！お弁当にもピッタリ！

お弁当に合う"うちなーおかず"

定番!

各種イリチー
(25ページ)

ごはんがすすむ!

ゴーヤーンブシー
(右ページ)

にんじんシリシリー
(63ページ)

ごはんにのせたりはさんだり

アンダンスー
(油みそ)

ごぼうの肉巻き
(95ページ)

彩りがキレイ!

チキナータシヤー
(57ページ)

いろいろに使える、伝統の保存食!

アンダンスー(油みそ)

ウチナーグチで、
アンダ…油
ンス…みそ

材料(下準備)

・ゆでた豚三枚肉 …200g
5ミリ〜1センチ角程度
お好みの大きさに切る。

・みそ(赤)… 150g
・さとう …… 適量
みその味によって加減する。

・油 ……… 少々

しょうがのみじん切りを入れてもよい!

1. 鍋に油を熱し、豚三枚肉を入れて炒める。

2. みそとさとうを加減を見て少しずつ加え、焦がさないように練りながら、全体によく熱を通して仕上げる。

木べらで練り上げる
肉の脂が溶け出して、全体にまわるように
みそ
さとう

ポーポー

うちなーのおにぎりと言えば!

みそおにぎり

ウケーメー
(おかゆ)

ウリ類の季節

▼沖縄の夏の風物詩と言えば、青い空と海、まぶしい太陽《ティーダ》、夏至南風《カーチーベー》、サンサナー（クマゼミ）の声…といろいろありますが、もうひとつ、私が好きなのはナーベーラー畑の風景です。朝の明るい太陽に向かってナーベーラーの大きな黄色い花が咲きわたる畑の様子を見ると、夏が来たことを実感します。

沖縄の夏は厳しい暑さが続くため、葉野菜が少なくなりますが、代わって出番となるのが「ウリ類」です。野菜売り場には、ゴーヤー、ナーベーラー、シブイ、モーウィ…といったウリ類が出そろいます。ウリ類の多くは水分を豊富に含み、尿を出しやすくして体の熱をとる働きがあると言われています。

▼そんなウリ類の調理法のひとつとして、古くから親しまれて来たのが「ンブシー」です。季節の野菜と、豚肉、島豆腐などをみそ味でじっくり煮込んだンブシーは、暑い夏にもご飯が進み、野菜をたっぷりとることができます。改めて、身のまわりにある素材をおいしく健康に食べる工夫をした昔の人の知恵に感心させられます。チャンプルーもいいけれど、ンブシーもまた、大切に伝えていきたいうちなーごはんのメニューだと思います。

▼旬のウリ類をたくさん食べて、沖縄の長らい夏を、元気に乗り切りましょう！

瓜いろいろ
ナーベーラー
(糸瓜)
シブイ
(冬瓜)
ゴーヤー
(苦瓜)
チブル
(夕顔)
モーウィ
(毛瓜)
キュウリの一種です。
キーウィ
(黄瓜)
シーカ
(西瓜)
チンクヮー
(南瓜)

ナーベーラー
（へちま）
ウリ科

◆沖縄ではゴーヤーと並んで親しまれている夏野菜です。ツルがどんどん伸びるので、やはり「緑のカーテン」に適しています。黄色い大きな花が、次々に咲いて目を楽しませてくれます。食べごろは開花から二週間ほどの若いもの。成熟すると繊維がかたくなるため、沖縄でもアカすりやタワシとして使われたそうで、方言名「ナーベーラー」は「鍋洗い」に由来するとも言われています。茎からとれるヘチマ水は、化粧水にするほか、せきやたんをしずめるとして飲用されます。

♠ナーベーラーと言えばまずはンブシー（みそ煮）。トロリとなめらかな舌ざわりが魅力です。ほかにみそ汁やあえ物にも。特有の泥くさい匂いが苦手という人は、なすで代用するとクセのない仕上りになります。逆に、なすやズッキーニの感覚で、カレーやラタトゥイユにナーベーラーを利用しても！

♥水分が豊富です。きゅうりやとうがんなどと同様に、からだを冷やす作用があると言われています。

♣緑が美しく、ツヤのあるものを選びます。日もちしないのでなるべく早く使います。保存するなら水分をよく取り、キッチンペーパーか新聞紙に包んでからポリ袋に入れて冷蔵庫で。

ナーベーラーの下ごしらえ

1. 切る前に洗う。

2. 皮をむく。

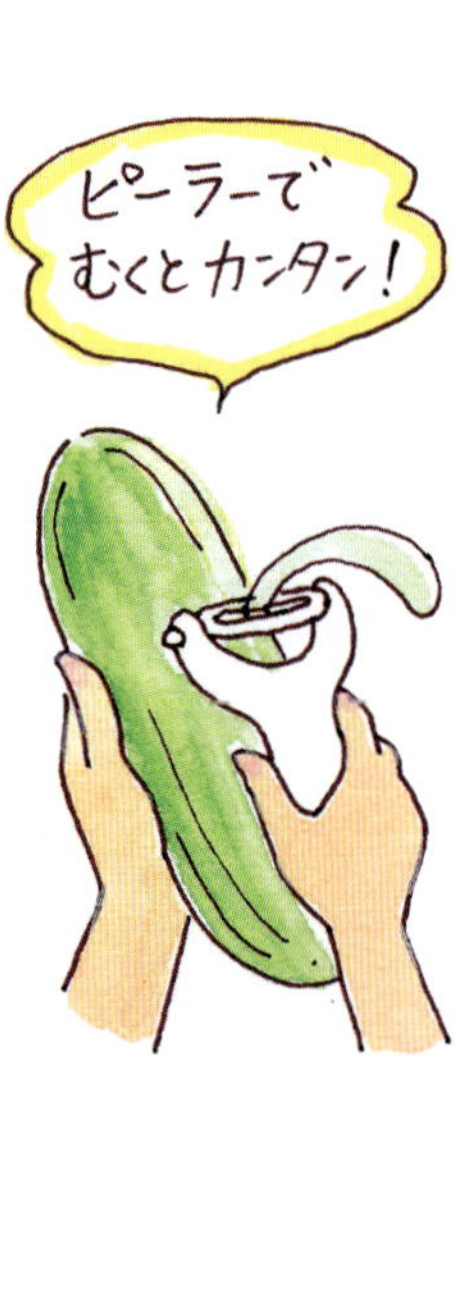
ピーラーでむくとカンタン！

3. 切る。

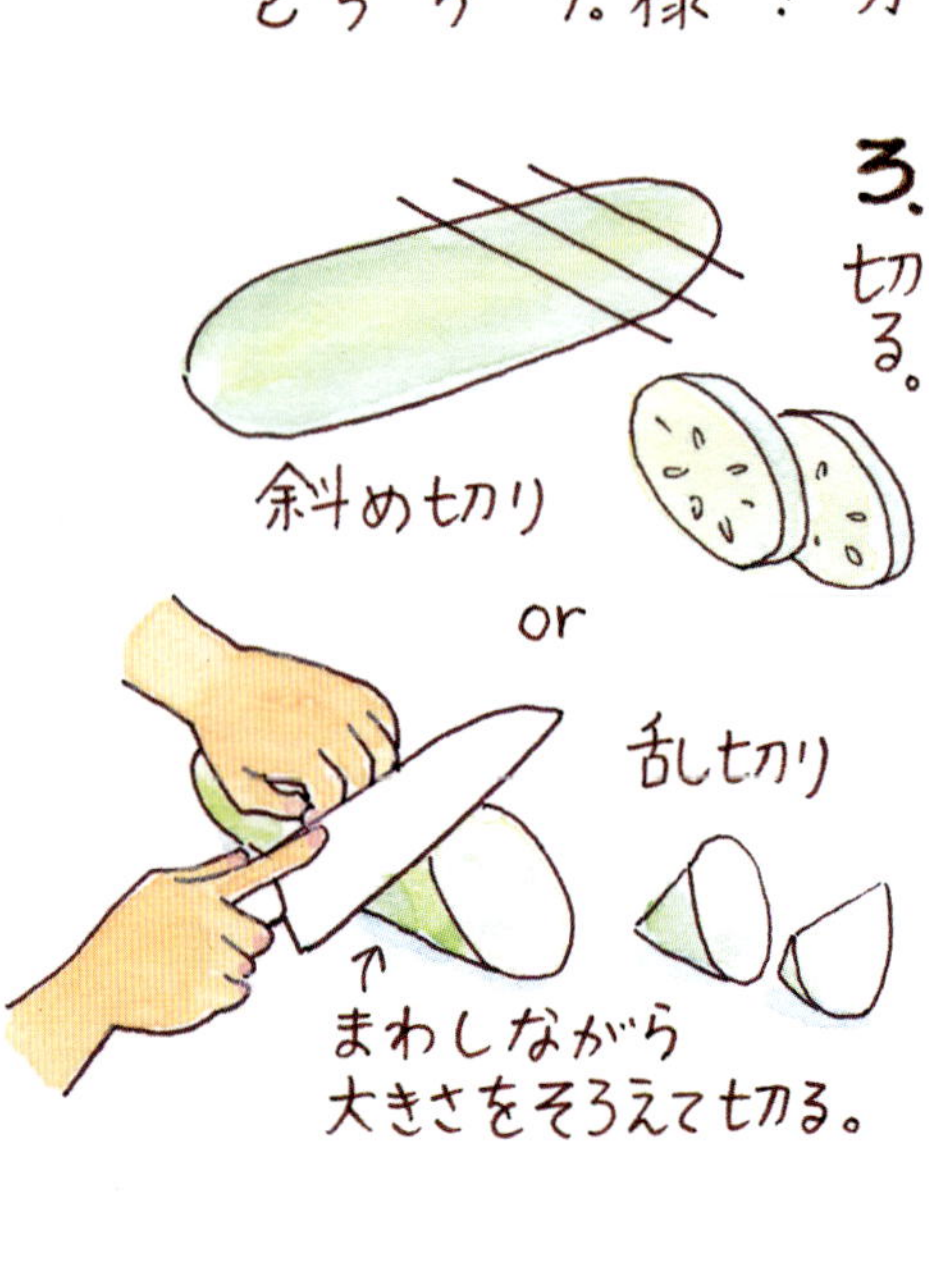
斜め切り
or
乱切り
まわしながら
大きさをそろえて切る。

ゴーヤーチャンプルーと並ぶうちなーの味！

ナーベーラーンブシー

下準備

ナーベーラーは皮をむき、厚めの斜め切り。

1〜1.5センチくらい

豚三枚肉は短冊切り。

島豆腐は手でちぎり水気を切る。

みそはだしに溶かしておく。

削りがつお

油

下準備ができたら23ページの「ンブシーの基本」の手順で作る。

＊さらに溶き卵を加えるとマイルドなおいしさ！

材料（4人分）	
ナーベーラー	中2本（約600g）
ゆでた豚三枚肉	100g
島豆腐	1/3丁（約200g）
油	適量
だし汁	1/3カップ
みそ	大さじ2〜3
削りがつお	1/4カップ

＊豚三枚肉のかわりにトゥーナー（ツナ缶）でも。

暑い日の、さっぱりメニュー！

ナーベーラーの酢みそあえ

材料（4人分）	
ナーベーラー	中1本
さとう	大さじ1
酢	大さじ1
みそ	大さじ2

1. ナーベーラーは皮をむき、縦半分にしてから長い斜め切りにする。

2. 沸騰《ふっとう》したお湯でさっとゆでてふきんに包んで水気をしぼる。

冷ましてからしぼってね

3. 酢みそで和えていただく。

かたければだし汁でのばす

酢みそ

よく冷やすと美味！

＊きゅうりやもやしを加えてもよい。

さっとゆでて

＊空炒《からい》りして軽くすったピーナッツ、又はゴマを加えると、香ばしく風味が増す。

シブイ（とうがん）
ウリ科

◆暑さに強く、アジアの温帯、熱帯地方に広く分布する夏野菜です。和名の「冬瓜《とうがん》」は、夏に収穫して冬まで保存できることからつけられたと言われています。沖縄ではシブイと呼ばれ、夏にからだの熱をとる野菜として古くから利用されて来ました。中国の広東《かんとん》地方に、冬瓜をくりぬいて作る薬膳料理がありますが、沖縄にも「瓶蒸し《カーミムシ》」と呼ばれるよく似た料理があり、特に宮古島では万病に効く薬として伝えられているそうです。

♠夏場に大根のかわりとして「ソーキ汁」や「足ティビチ」などに使われます。汁物、煮物のほか、生でサラダ感覚のあえ物にしても！

♥成分の約95%が水分で味にも強い個性はありませんが、鮮度のよい生のシブイにはグレープフルーツと同じくらいのビタミンCが含まれます。低カロリーでかさがあるのでダイエットの強い味方！煮ると柔らかく、あっさりと淡白な味なので、病人食にも向いています。

♣丸ごと買う時は、表皮が固くて緑が濃く、ずっしりと重みのあるものを選びます。キズがなければ風通しのよい場所で半年間くらい保存できます。切ったものはいたみやすいので、ラップをかけて冷蔵庫に入れできるだけ早く使います。

シブイの下ごしらえ

1. よく洗い、ヘタを切り落とす。

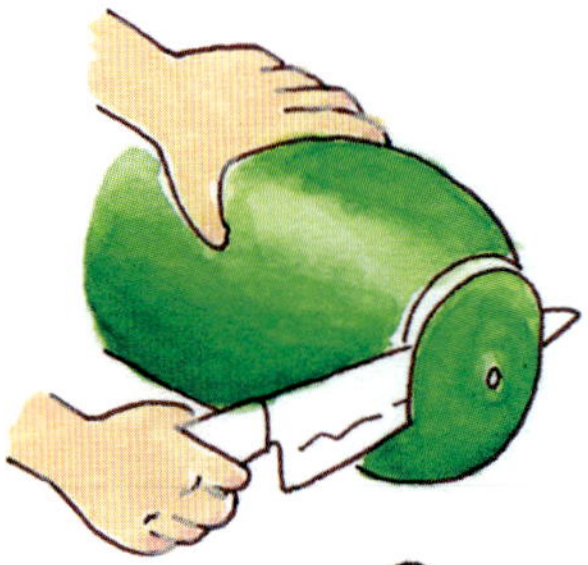

2. 4～5センチ厚の輪切りにする。

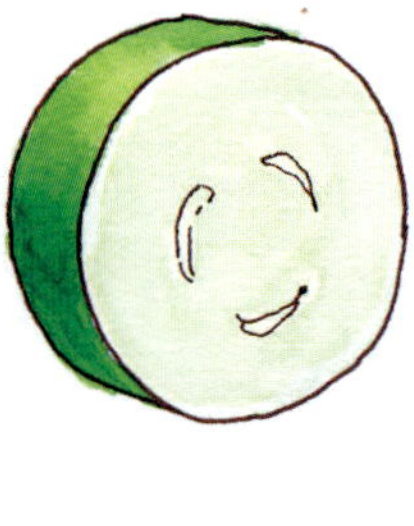

3. 2を半分に切りスプーンで種とわたを取る。

4. 厚めに皮をむく。

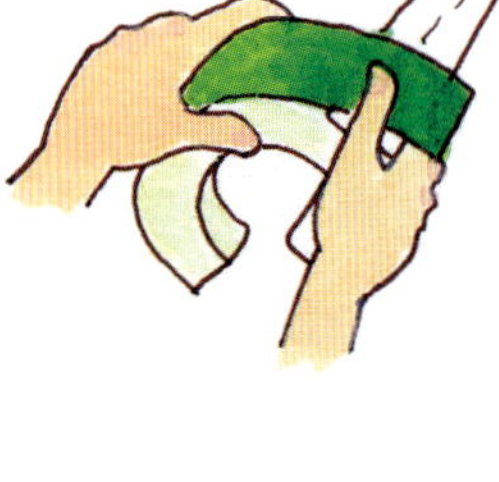

5. 料理に合わせて食べやすい大きさに切る。

下ゆでする時は米のとぎ汁、又は米をひとつまみ入れた湯でゆでる。

のどごしのよい上品なスープ!

とうがんのすり流し

材料(4人分)	
とうがん	300g
だし汁	4カップ
酒	大さじ1
塩	小さじ1
水溶きかたくり粉	適量
卵	2個
わさび	少々

卵2個のうち、1個を卵黄のみにするとなめらかに仕上がる。

1. とうがんは皮とわたを取り、シリシリーしておく。

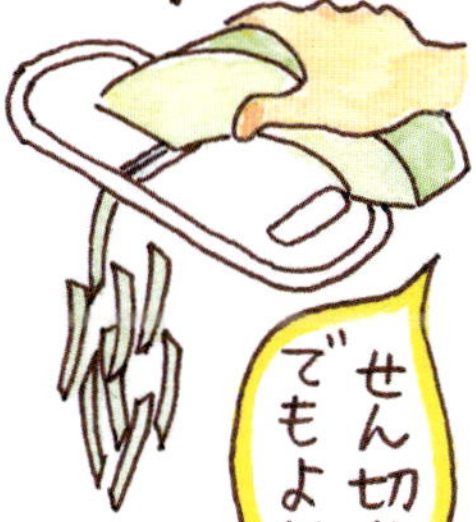
シリシリー
せん切りでもよい。

2. 鍋にだし汁ととうがんを入れて火にかけ、アクをとりながら煮る。

とうがんが透明になったら煮えているよ。

3. とうがんが煮えたら、酒、塩で味を調える。水溶きかたくり粉でとろみをつけ、溶き卵を加えて火を止める。

冷やしても美味!

4. 器によそって、好みでわさび少々を落とす。

ビタミンCたっぷりのヘルシーメニュー!

シブイのあっさりサラダ

1. 玉ねぎはうす切りにして水にさらし、水気を切る。

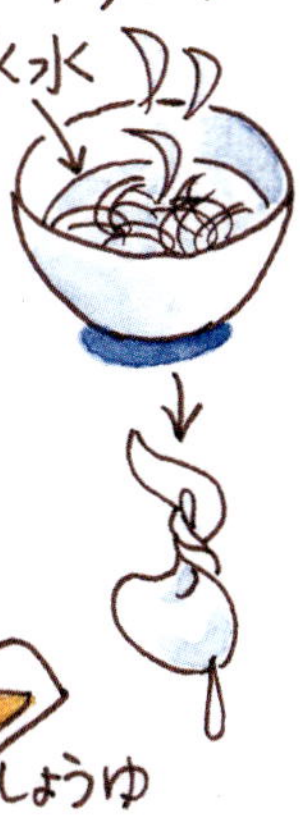
うす切り
氷水

2. ワカメは水にもどし、トゥーナーは油を切る。

ワカメ

ツナ缶

3. シブイはシリシリーして軽く塩をふり、水気をしぼる。

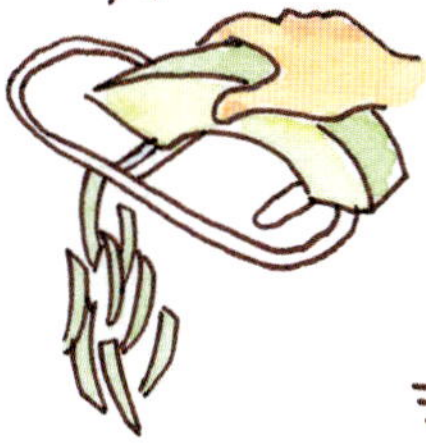

4. 盛りつけて召し上がれ!

シークヮーサー
しょうゆ
削りがつお
トゥーナー
ワカメ
タマネギ
シブイ

材料(4人分)	
シブイ(とうがん)	200g
玉ねぎ	1/2個
わかめ(乾燥)	5g
トゥーナー(ツナ缶)	1缶
削りがつお	適量
しょうゆ	適量
シークヮーサー	2~3個

(なければ、レモンか酢)

新鮮な生のシブイには、グレープフルーツと同じくらいのビタミンCが含まれます!

花が咲きはじめたら
そろそろ収穫終了の
合図です。

ウンチェー
（えんさい）
ヒルガオ科

◆さつまいもや朝顔と同じヒルガオ科の植物で、和名は「えんさい」または「ようさい」です。中国料理では「空心菜《くうしんさい》」の名で知られ、その名のとおり茎はストローのような空洞になっています。朝顔に似た白い花を咲かせることから「朝顔菜」とも呼ばれます。高温多湿の環境に強く、沖縄では水場のそばやターンムの水田のまわりに植えられて、夏場の貴重な野菜として人々の暮らしに役立てられて来ました。

♠炒め物のほか、さっとゆでてあえ物に、ンブシーやジューシー、みそ汁の具にと、広く利用できます。

♥カロテン、カリウム、カルシウム、鉄、食物繊維などが含まれます。おなかの調子を整えたり、カゼや夏バテの予防に！

♣緑が濃く、葉と茎にハリがあり、切り口がきれいな輪になっているものを選びます。あまった茎は、土に挿しておくと根づいて若葉が収穫できます。

ウンチェーの下ごしらえ

1. 葉を手でちぎって、茎と分ける。

2. どちらもきれいに洗って水気を切る。

3. 料理によって食べやすい大きさに切る。

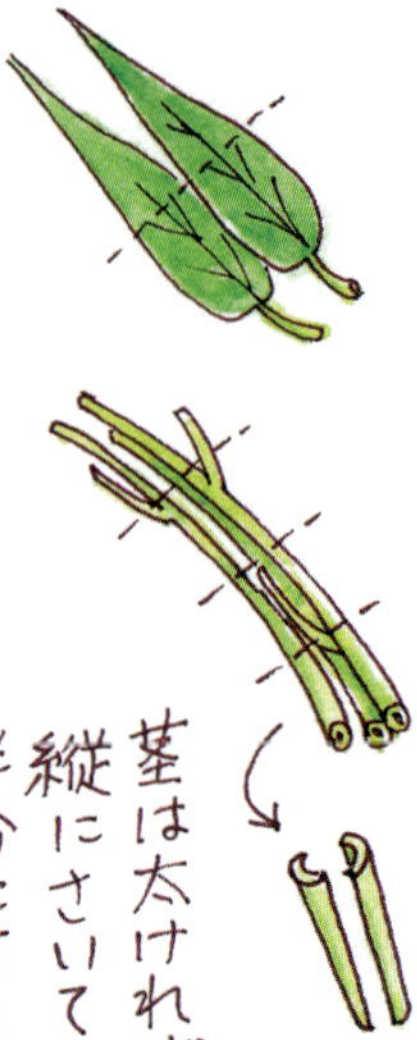

茎は太ければ縦にさいて半分にする。

にんにくの香りがおいしい!

ウンチェータシヤー

材料（4人分）	
ウンチェー	400g
ゆでた豚三枚肉	80g
にんにく	1かけ
油	大さじ2
塩	少々
しょうゆ	大さじ1

1. ウンチェーは葉と茎を別にして洗って水気を切り、食べやすい大きさに切る。

2. 豚三枚肉は短冊切り。

3. にんにくはうす切り、またはみじん切り。

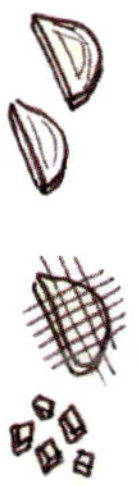

4. 鍋に油を熱してにんにくを入れ、香りが出てきたら豚三枚肉、茎、葉の順に加え、強火で手早く炒める。

しょうゆは鍋肌で焼いて香ばしく!
しょうゆ
まわし入れる
ジャーッ

5. 鍋肌から、ジャーッと音をさせてしょうゆをまわし入れる。味を見て足りないようなら塩を加える。

焼いた豆腐が入れば、ウンチェーチャンプルー!

野菜がもう一品ほしい時に!

ウンチェーのあえ物三種

1. ウンチェーはきれいに洗って熱湯でさっとゆで、水にとる。
2. 水気をよくしぼって食べやすく切り、好みの味付けをする。

酢みそあえ
ゴマあえ
白あえ
ゆでたにんじんを加えると色がキレイ!

ネリ（おくら）アオイ科

◆原産地はアフリカ東北部と言われる野菜で温暖な気候風土に適するためか、沖縄県は全国でも有数のオクラの産地です。ユウナにも似たやさしげな花を咲かせるオクラの畑は、夏の間少しずつ背を伸ばしながら目を楽しませてくれます。角オクラ、丸オクラ、赤オクラなどの品種があります。

♠色よくゆでてあえ物にしたり、スープやみそ汁に、天ぷらに、また、粘りを生かして納豆や山芋と合わせても。赤オクラは、ゆでると緑色になるので、赤い色を生かすなら、生でサラダなどに。

♥ビタミンB1、B2、C、カリウム、カルシウム、たんぱく質、食物繊維などが含まれます。粘り成分のひとつであるペクチンは、おなかの調子を整える働きがあります。またムチンは粘膜を守る作用があります。

♣うぶ毛が密に生え、緑の濃いものを選びます。開花後5〜6日の若いさやが柔らかくておいしい。あまり日もちしないので、なるべく早く食べるようにします。

オクラの下ごしらえ

1. ヘタのまわりのガクのかたい部分をくるりとひとむきします。

ココ!
ヘタを切りはなすと粘り成分が出てしまうので切りはなさないで!

2. 指に粗塩をつけて、オクラをもむようにしてうぶ毛を取る。

口あたりがよくなります
塩

3. たっぷりの熱湯に入れてゆでる。冷水にとると色鮮やかに仕上がる。

ざるですくって
氷水で冷ます

冷やして、おいしい！

オクラとトマトの彩りサラダ

材料（4人分）

オクラ	1パック（10本くらい）
トマト	1〜2個
ドレッシング　酢	大さじ1
油	大さじ1
さとう	大さじ1
塩	小さじ1
こしょう	少々
シークワーサー	1〜2個

1. オクラはゆでて水気をとりかたいヘタは切り落とし、食べやすい大きさに切る。

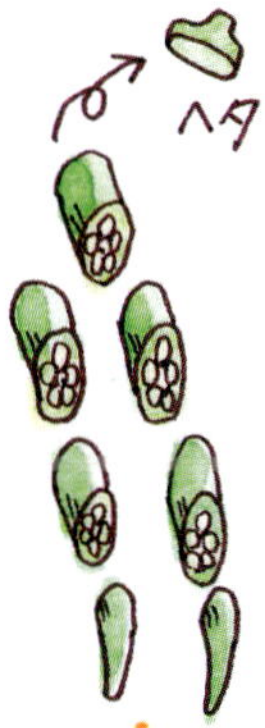

2. トマトは一口大に切る。

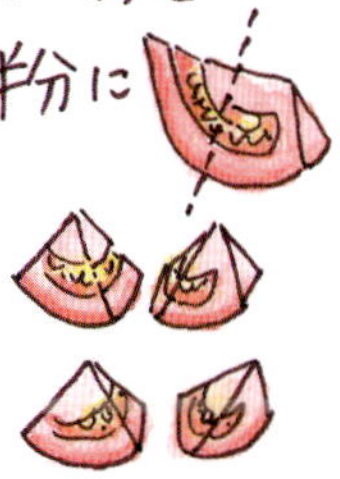

3. よく混ぜ合わせたドレッシングであえる。

冷蔵庫で30分程度寝かせ、味をなじませる。

梅の酸味が、よく合います！

オクラの梅おかかあえ

1. オクラはゆでて水気をとり、かたいヘタは切り落とし、食べやすい大きさに切る。

2. 梅干しはタネをとり包丁でたたく。

3. 2に削りがつおとしょうゆをまぜ、だし汁でかたさを調整し、1のオクラをあえる。

材料（4人分）

オクラ	1パック（10本くらい）
梅干し	1〜2個
しょうゆ	それぞれ適量
削りがつお	
だし汁	
白ごま	

白ごまをふって召し上がれ！

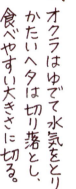

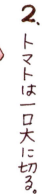

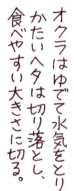

三つの「見る」

▼どんな世界でも「見る」ということは、基本中の基本とも言えることでしょう。例えば、スポーツでも「球をよく見ろ」とか、デッサンでも「モチーフ（題材）をよく見ろ」と言いますよね。料理を身につけるにも、大切な「見る」ことが三つあります。それは「素材」「状態」「味」です。

▼「素材を見る」とは、新鮮でおいしい素材を見分けることと同時に、目の前にある素材を生かすことです。例えば「今日のシマナーはちょっと育ち過ぎているから、塩漬けより下ゆでしてから使おう。」といった具合に、素材に合わせて調理法やメニューを工夫することにつながります。

▼「状態を見る」とは、その料理のポイントを押さえることです。例えば「玉ねぎを炒める」場合でも、「全体に油がまわるまで」なのか「しんなりするまで」なのか「あめ色になるまで」なのか、そのメニューに合った「状態」をよく見て覚えたら、きっとこの次もうまく作れるでしょう。

▼そして「味を見る」ことは、料理の一番のクライマックスです。たとえレシピの通りに調味料を入れても、その日の素材や火加減、水加減、調理器具などの条件によっても味は変わりますので、必ず味を確かめて微調整します。「これだ！」という味に決まった時は、本当にうれしいですよね。

▼食の安心、安全が心配される昨今、子どもたちにも「自分のごはんは自分で作れる力」をつけてほしいなと思います。幼いころ、母の台所仕事をぼんやりとしか見ていなくて主婦になってから苦労した私としては、子どもたちが三つの「見る」を意識して経験を重ね、料理上手になってくれることを願ってやみません。

五感を使って「状態」を覚えよう！

ビニール袋入り ゆし豆腐
型箱に入れて固める前の
ゆらゆらと柔らかな豆腐。

やさしい味です！

そのままでもOK！

出来たてはさらに格別！

「陸に上った豆腐」とも
称される島豆腐。
水にさらさず、アチコーコー
(熱々) のまま売られる。
チャンプルーに、ンブシーに、
あえ物にと 大活躍。
もちろん、そのままでも おいしい！

ゆし豆腐
だし汁をまぜて
味を調えても。

豆腐

戦前までは各家庭で手作りされた
という豆腐は、うちなーごはんに
欠かせないものとして今も愛されています。
生しぼり製法で作られた
島豆腐は、ずっしりと重く
濃厚な味わい！

豆腐よう
「東洋のチーズ」とも
言われる沖縄の珍味。
豆腐をこうじ菌で熟成
発酵させて作ります。

ウジラ豆腐 (うずら豆腐)
つぶした豆腐に野菜の具を
たっぷり入れて揚げたもの。
沖縄風がんもどき。

アギドーフ (揚げ豆腐)
重箱料理の定番！

なめらかな舌ざわり

おろししょうが

しょうゆ、みりん、
だし汁を煮つめた
タレをかけて。

ジーマーミ豆腐
ジーマーミ (落花生＝ピーナッツ) で作った豆腐。

ウカライリチー
豆乳をしぼったあとの
おからで作るイリチー。
食物繊維たっぷり！

♪うちなーのわらべうた♪

ちんくゎーんとーふん

ちんくゎーん	（意味）	カボチャに
とーふん		豆腐
まーさん		おいしいよ

♩=92　高江洲義寛 採譜・作曲

♪ちんくゎーん
（円を描く）

♪とーふん
（四角を描く）

♪まーさん
（食べるマネをする）

＊ 口説歌の歌持ち（前奏）の メロディーに のせて歌います。

＊ ふりをつけて、覚えたらどんどん速くしてやってみます。

＊ いろんな食べ物に変えてみても おもしろいかも。

高江洲義寛 著『おきなわのこどもあそびうた』より

うちなーごはんのコトバ②

（料理に関するウチナーグチ）

・クェーブゥー … 食べ物にありつく果報。

・ガチマヤー … 食いしん坊。

・チュファーラ … お腹いっぱい。

・ワタボンボン … （水分で）お腹いっぱい。

・チーチーカーカー … 食べ物がのどや胸につかえること。

秋

シークヮーサーが色づいてきたら、長かった夏も終わりです。

清楚な白い花
かんきつ類特有の
さわやかな香り！

冬に熟して
黄金色になると、「クガニー」と呼ぶこともあります。

シークヮーサー（しいくわしゃー）

ミカン科

種がない品種も！
品種や熟し加減
によって、色もいろいろ。

◆沖縄を中心に奄美から台湾にかけて分布する小型のみかんで、方言名が和名になっています。「しいくわしゃー」とは「酸を食わせるもの（与えるもの）」といった意味で、古くから酢の代わりとして用いられてきました。また、果汁に含まれる酸の働きを生かして染色の助剤としたり、芭蕉布の洗たくにも利用されました。品種はいくつかあり、近年は種なしのものも出ています。

♠春に白い花を咲かせ、初夏に小さな実を結びます。10月ごろまでの緑色の実は、刺身に絞ったり、酢と同様にあえ物やドレッシングにも使います。熟して色づいてきたら甘みがふえるので、果実として生で食べたり、ジュースやお菓子にも使います。

♥カロテンやビタミンC、カリウムなどが含まれます。また、血糖値や血圧の上昇を抑える働きがある「ノビレチン」という成分が、かんきつ類の中でも特に多く含まれます。

サラダのドレッシングに。

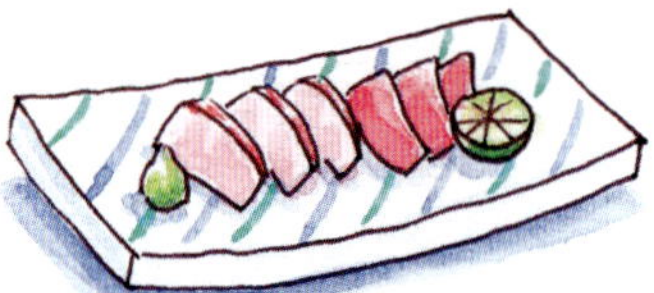

刺身に絞って。

刺身のシークヮーサーあえ

みそ、削りがつおと
シークヮーサーの絞り汁
をまぜたあえ衣で
刺身をあえる。
刺身はかつおなどで、
お好みの野菜を加えて。

ゼリーに。

ケーキや
クッキーに。

ジュースに。

カンダバー（さつまいもの葉）

ヒルガオ科

◆カンダバーとはさつまいもの葉のことで、さつまいもが主食とされた時代から利用されていました。近年では葉を食べるための品種も生まれ、茎も葉も柔らかく食べやすいものが栽培されています。葉野菜が少なくなる夏から秋にかけての貴重な緑黄色野菜です。

♠懐かしい味の代表格であるカンダバージューシーのほか、炒め物、あえ物、みそ汁の具にと、幅広く活用できます。加熱するとぬめりが出るので、手早く調理しましょう。

♥ビタミンA、C、B_1、B_2、鉄や食物繊維が含まれます。ポリフェノールやカロテノイドが豊富なことでも注目されています。

♣緑が濃く生き生きとしたものを選びます。葉野菜なので早めに使うのが基本です。

お腹スッキリ！ カンダバージューシー

材料（4〜5人分）

- カンダバー（芋の葉） 約100g　葉の部分をつんで洗っておく
- ご飯 約300g
- だし汁（豚orかつお） 5〜8カップ
- みそ 40〜50g
- 豚三枚肉（ゆでたもの） 短冊切り 50〜60g
- 油 大さじ1〜2　カンダバーのきしみをとる　お好みで調節して

1. 鍋にご飯とだし汁を入れて火にかける。

大きければちぎる
カンダバー
三枚肉
油
あまりグツグツ煮立てないで、静かに煮る

2. 煮立ったら火を弱め三枚肉、カンダバー、油を加えて煮込む。
3. ご飯が柔らかくなったら、みそで味を調える。

食物繊維たっぷりのヘルシージューシー！
さつまいもを入れてもおいしい

ンム（さつまいも）、紅芋

ヒルガオ科

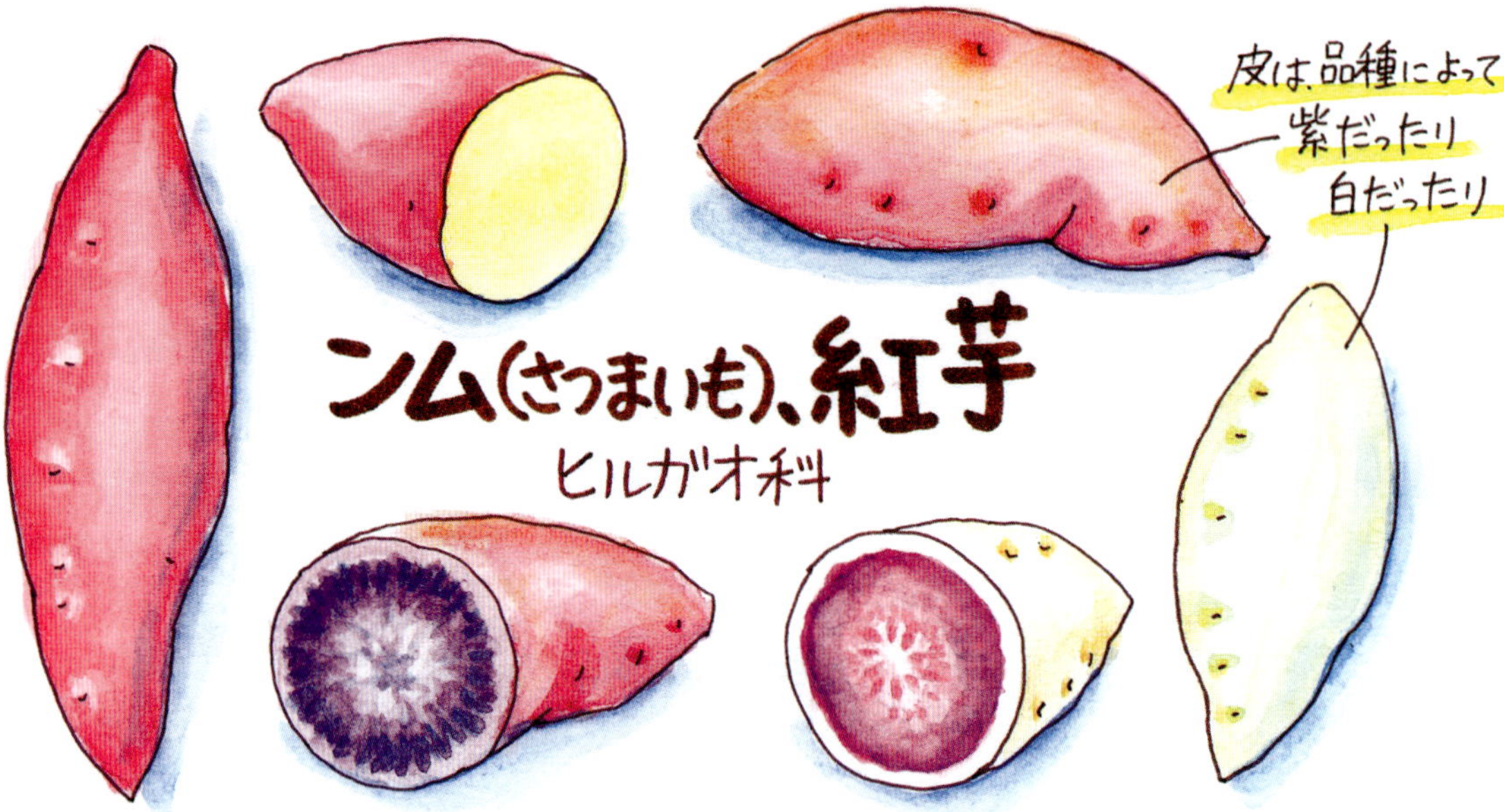

皮は、品種によって紫だったり白だったり

◆十七世紀の初めに野国総管によって中国から伝えられ、長い間主食として沖縄の人々の生活をささえてきたのがさつまいもです。沖縄では単に「ンム（芋）」とか「トーンム（唐芋）」と呼ばれましたが、その後鹿児島（薩摩《さつま》）を経て全国に広まったため、和名は「さつまいも」となりました。

♥さつまいもはビタミンC、E、カリウム、食物繊維が豊富です。食物繊維はおなかの調子を整える働きをします。

◆近年沖縄の特産物として知られるところとなった「紅芋」は、主に戦後に開発された品種で、美しい紫色が特長です。その色を生かしたお菓子なども人気を呼んでいます。

♥紅芋の紫色は、ポリフェノールの一種であるアントシアニンです。アントシアニンは、肝臓の働きを助けたり、血液をサラサラにする、血圧を下げるなどの効果があるそうです。

えらびかた

▼ある程度太さがあって、表面に張りのあるものを選びます。

あまり細いのはスジっぽいことが多い
低温に弱いので冷蔵庫には入れないで
風通しのよい暗い所で保存

▼紅芋、さつまいも、及びカンダバー、ウンチェー等は、害虫の関係で現在のところ生の状態で沖縄から県外へ持ち出すことはできません。

蒸したものや加工品ならOK!
紅芋チップス
紅芋フレーク
紅芋げんまい

食卓に彩りをそえる…

紅芋のきんとん

材料

紅芋	300g
りんご	1/4個
さとう	大さじ1
水	1/2カップ
さとう	1/4〜1/2カップ
みりん	大さじ1
塩	少々

1. 紅芋は大きめの輪切りにし、厚めに皮をむいて水につけてアクをぬく。

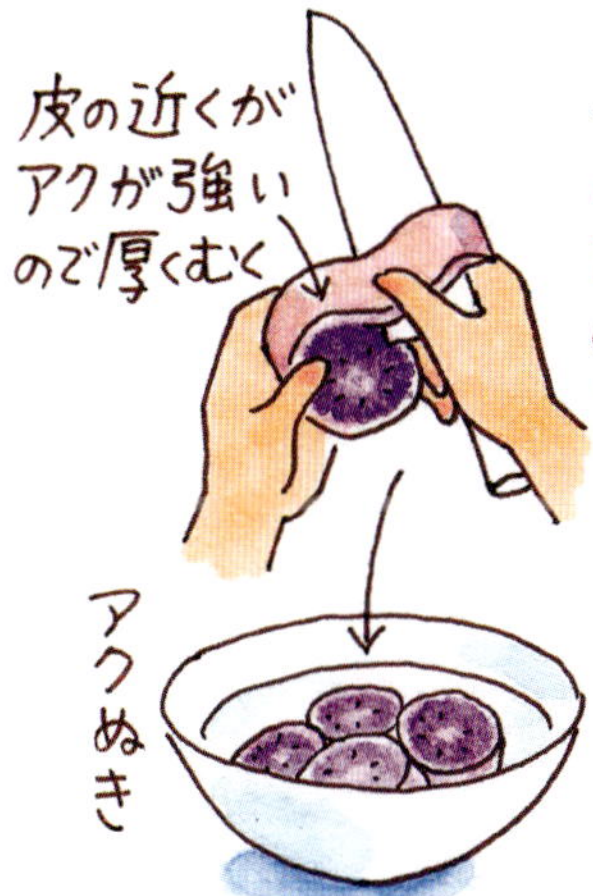
皮の近くがアクが強いので厚くむく
アクぬき

2. りんごは皮をむき、いちょう切りにしてさとうをまぶしておく。

さとう

3. 1の紅芋を柔かくゆで、熱いうちに裏ごしする。

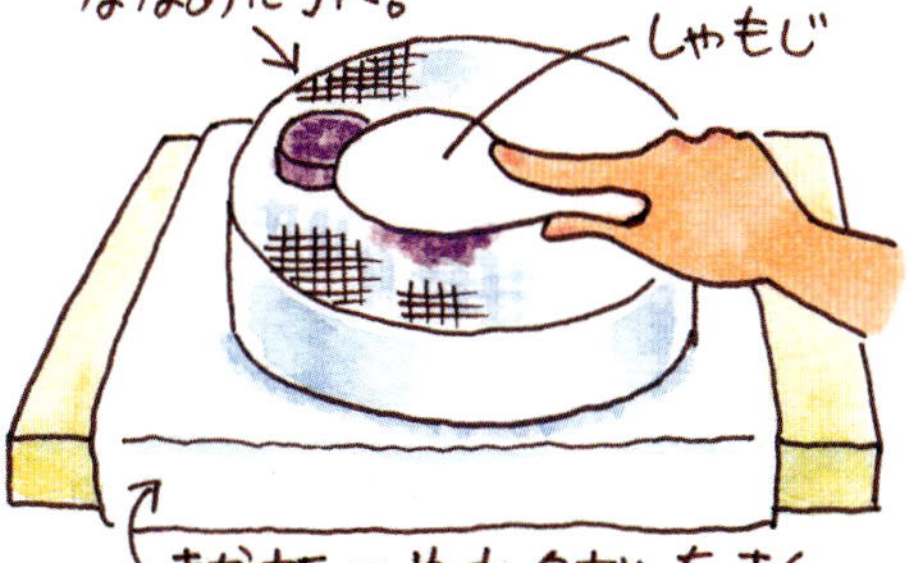
裏ごし器の目に対してななめに引く。
しゃもじ
まな板にぬれタオルをまく。
（裏ごし器がうごかないように。）

4. 3の紅芋と水、さとう、塩を鍋に入れて火にかけ、しばらく煮たら2のりんごとみりんを加え、つやよく粘りが出るまで中火で煮る。

5. 小さな器に品よく盛る！

＊もう少し煮つめて、パイシートに包んでオーブンで焼けば紅芋パイのできあがり！

おばあちゃんの健康料理

ウムワカシー（芋わかし）

材料（4人分）

さつまいも	300g
青菜	適量
だし汁	4カップ
みそ	適量

1. さつまいもは洗って厚めに皮をむき、一口大の乱切りにする。

水につけてアクをぬく。

2. 鍋にだし汁と1のさつまいもを入れて火にかけ、煮立ったら中火にする。さつまいもが柔かくなったら、青菜とみそを加えて仕上げる。

＊青菜は、カンダバー（芋の葉）、ウンチェー、ほうれん草などで。

＊三枚肉（ゆでたもの）を入れるとボリュームが出る。

秋に咲く美しい花
金針菜の材料になるつぼみ。

クヮンソウ（かんぞう）

ユリ科

◆「萱草《かんぞう》」はユリ科ワスレグサ属の総称で、ホンカンゾウ、ノカンゾウ、ヤブカンゾウなどの種類があります。夏から秋にかけてオレンジ色のユリに似た花を咲かせます。この花のつぼみを蒸してから乾燥させたのが、中国料理に使われる「金針《きんしん》菜《さい》」です。沖縄でも古くから薬になる植物として親しまれ、花、葉、根ともに利用されて来ました。別名「秋の忘れ草」と呼ばれ、悩みや心配ごとを忘れさせてくれると言われています。

♠花はサッとゆでてサラダや和え物にしたり、天ぷら、甘酢漬けなどに。根や、葉の根元の白い部分を牛肉と煮て食べるとぐっすり眠れると伝えられています。くせがなくあっさりした味なので、おひたしにも向いています。どの部分も必ず加熱して食べましょう。

♣葉先の緑の濃い部分はかたいので、なるべく白い部分の多いものを選びます。

＊クヮンソウはユリ科の植物であり、マメ科の「甘草《かんぞう》」とはちがうものです。

アッサリ、シャッキリ！

クヮンソウのおひたし

材料

クヮンソウ	…適量
削りがつお	…適量
しょうゆ	…適量

しょうゆと同量のだし汁を加えた割りじょうゆにするとまろやかに、ポン酢しょうゆにするとさわやかになります。

1. クヮンソウは、根元の白い部分を3〜4センチの長さに切り、ゆでる。

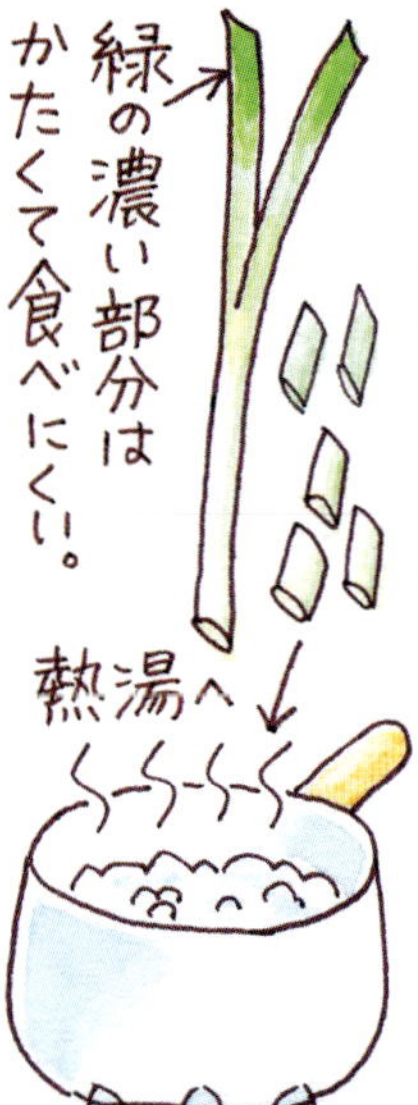
緑の濃い部分はかたくて食べにくい。
熱湯へ

2. 少し歯ごたえが残る程度にゆでたら水にはなし、水気を切る。

3. 器に盛り、削りがつおとしょうゆをかけていただく。

ぐっすり眠りたい夜に…

クワンソウと牛肉のお汁

材料（4人分）

クワンソウ	1/2束
牛肉（うす切り）	300g
だし汁	4カップ
みそ（お好みで）	少々
塩	少々
サラダ油（お好みで）	少々
酒	少々

1. クワンソウは、根元の白い部分をよく洗って、斜め切りにする。

2. 牛肉は一口大に切り塩で下味をつけておく。

3. 鍋にだし汁と1のクワンソウ、2の牛肉を入れ強火にかける。煮立ったらアクをとり、中火にする。

塩
酒
サラダ油
入れるとクワンソウが柔かく煮える。
仕上げ
みそ
塩

4. 酒とサラダ油を加えて材料が柔かくなるまで煮込み（30～40分）みそと塩で味をととのえる。

他にも野菜を入れて具だくさんにしても!
ごぼう
にんじん
じゃがいも
だいこん
しいたけ
にんにく

大きめのマカイに入れて…

シマナー（からしな）

アブラナ科

◆数ある青菜の中から「シマナー（島菜）」の名を勝ち得たのがこのからしな。それだけ沖縄の人々の身近にあった野菜なのでしょう。ほぼ一年中市場に出まわっています。

＊沖縄では「島豆腐」「島酒」「島にんじん」など、地元産のものに親しみを込めて「島」をつけて呼ぶことが多い。

♠基本的には塩漬けにしてから使いますが、葉が育ちすぎてかたかったり辛味が強い場合はサッとゆでるのもよい方法です。塩漬けにしたものは「漬菜《チキナー》」と呼ばれ、生野菜とは一味ちがった風味が出てきます。漬物として保存がきく上に、チャンプルーやチャーハンに入れてもおいしい「チキナー」は、いざという時に頼れる存在です。

♥カロテン、ビタミンB_2、C、カリウム、カルシウム、鉄などが含まれます。独特の辛味成分が食欲をそそる働きをします。

♣葉の色が濃く、張りのあるもの、若くて小ぶりのものを選びます。チキナーにすれば日もちしますが、できない時はサッとゆでて水気をしぼり冷蔵庫で保存します。

チキナーのつくり方

1. シマナーはよく洗って水気を切り、塩をふってしばらく置く。

シマナー1束（200~300g）に対して、塩小さじ1（5~6g）が目安。お好みで加減して。
塩
茎の方に多めにふる。

2. シマナーがしんなりしたら、手のひらのつけ根で押さえる。

重石をしてもよい
ギュッ
ギュッ
保存する場合は冷蔵庫で4~5日。
密閉容器で。

＊30分程度から使えるが、半日くらい置いた方が味が落ち着きます。

＊水洗いしてから調理する。

すぐできる、にがうま副菜！

チキナータシヤー

材料（4人分）

チキナー	水気をしぼって 1束分（約200g）
トゥーナー（ツナ缶）	1缶
油	大さじ1〜2
しょうゆ	適量
削りがつお	適量
（塩	適宜）

1. チキナーは味を見て辛ければ塩ぬきする。
辛さによって…水につけるか、水洗いする。

2. 水気をしぼって2〜3センチに切る。

3. トゥーナーは油を切っておく。
この油で炒めるのも手！
ツナ缶

4. 鍋に油を熱してチキナーとトゥーナーを炒める。

しょうゆは鍋肌で焼いて香ばしく！
しょうゆ
まわし入れる
ジャーッ

5. 味を見て、必要なら塩で味を調える。最後に削りがつおを加えて、香りづけにしょうゆをまわし入れる。

もちろん、豚肉と豆腐を使ってチャンプルーにしてもおいしいよ！

辛味がおいしい！

チキナーチャーハン

材料（4人分）

チキナー	80g
ごはん	600g
ちりめんじゃこ	大さじ3
卵	2〜3個
油	大さじ2
削りがつお	1/2カップ
塩	少々
しょうゆ	少々

1. チキナーは味を見て辛ければ塩ぬきし、水気をしぼって細かく切る。
1〜2センチ

2. 卵を溶きほぐしてごはんを入れ混ぜる。
冷やごはん
ごはんの一粒一粒に、卵をからめる。

3. 鍋に油を熱し、2のごはんをパラパラになるように炒め、

4. 他の材料を加え、塩、しょうゆで味を調える。
削りがつお　ちりめんじゃこ　チキナー
あまり混ぜすぎないのがコツ！

仕上げに白ごまをふりかけても！

完熟（フルーツ）パパヤー

まん中の部分が成長して実になる。
雌花
雄花

未熟（野菜）パパヤー
横に切ると断面が星型に！これはビックリ

パパヤー（ぱぱいあ）

パパイア科

◆オレンジ色に熟した実が南国フルーツとして知られていますが、沖縄では緑色の未熟果を野菜として食べるのも一般的です。古くから民家の庭先に植えられ、自家用の野菜としても重宝されてきました。台風のあとは庭に落ちたパパヤーを調理して食べるのがお決まりだったと思い出を語る人もいます。宮古地方では、根を張って実り多く折れても新芽を出すことから縁起物とされ、お祝い料理にも利用されるそうです。

♠昔から母乳の出をよくすると伝えられ、パパヤーのお汁や煮付けは現代でも出産後の定番メニューです。千切りにしてイリチーで食べるのも人気で、市場やスーパーではあらかじめ千切りにしたパパヤーも売られています。

♥ビタミンCやA、カリウムなどのミネラルも豊富。パパインというたんぱく質分解酵素が含まれるので、一緒に煮込むと肉を柔らかくして消化を助けてくれます。完熟するとカロテンが未熟果の約四倍にふえます。

♣皮が乾燥せず、ボリューム感があって重いものを選びます。丸ごとなら風通しのよい場所で、切ったものはラップをかけて冷蔵庫で。

パパヤーの下ごしらえ

1. パパヤーを縦に切る。

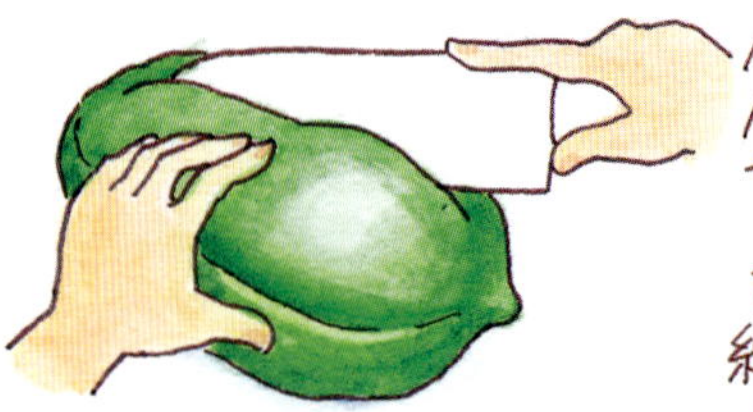

2. 種をとる。

3. 扱いやすい大きさに切って皮をむく。

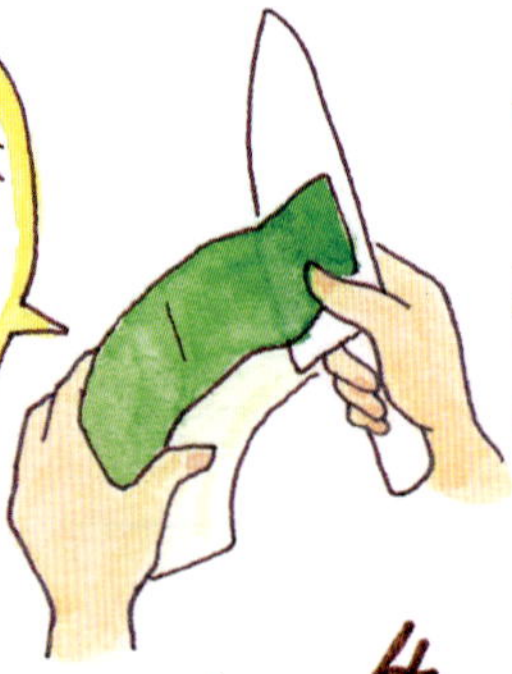

4. 料理に合わせて切り、流水にさらしてアクをぬく。

パパヤーから出る乳液には刺激があるので、肌の敏感な方は手袋をすると安心。

食感は、ほぼ大根！

パパヤーイリチー

材料（4人分）	
パパヤー	小1個（約400g）
ベーコン	80g
油	適宜
だし汁	1/2 カップ
塩	少々
しょうゆ	少々
青ねぎ又はにら	少々

1. パパヤーは皮をむいてシリシリーする。

2. 水につけてアクぬきし、水気を切る。

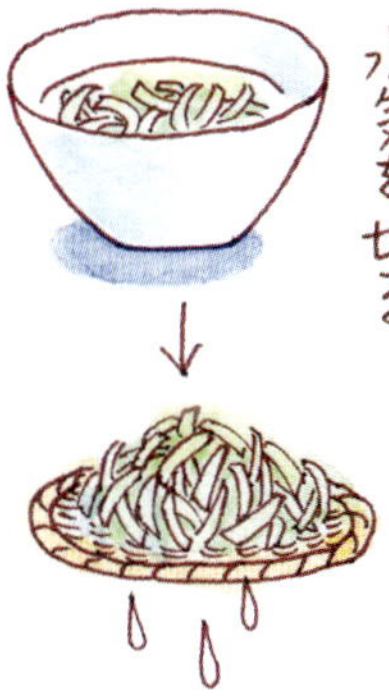

3. ベーコンは短冊切り、青ねぎは小口切りに。

ベーコンの脂の具合を見て、油の量を加減する

4. 鍋に油を熱し、ベーコンを入れて脂が溶けてきたらパパヤーを加えて炒める。

5. だし汁を加え、塩としょうゆで味を調える。汁気が少なくなったら青ねぎをちらしてできあがり！

ふだんのおかずはもちろん、産後のママさんにも！

パパヤーとソーキ骨のお汁

77ページの「ソーキ骨のお汁」の材料の「大根」を「パパヤー」に代えて作ります。パパヤーは、下ゆでしなくて大丈夫です。

パパヤーは一口大に。

または

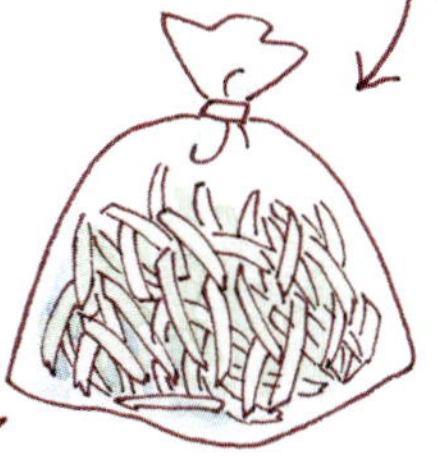

シリシリーしたものを使ってもOK！

はやく煮えるよ！

マーミナー
（もやし）
マメ科

ブラックマッペ（ケツルアズキ）
グリーンマッペ（緑豆）

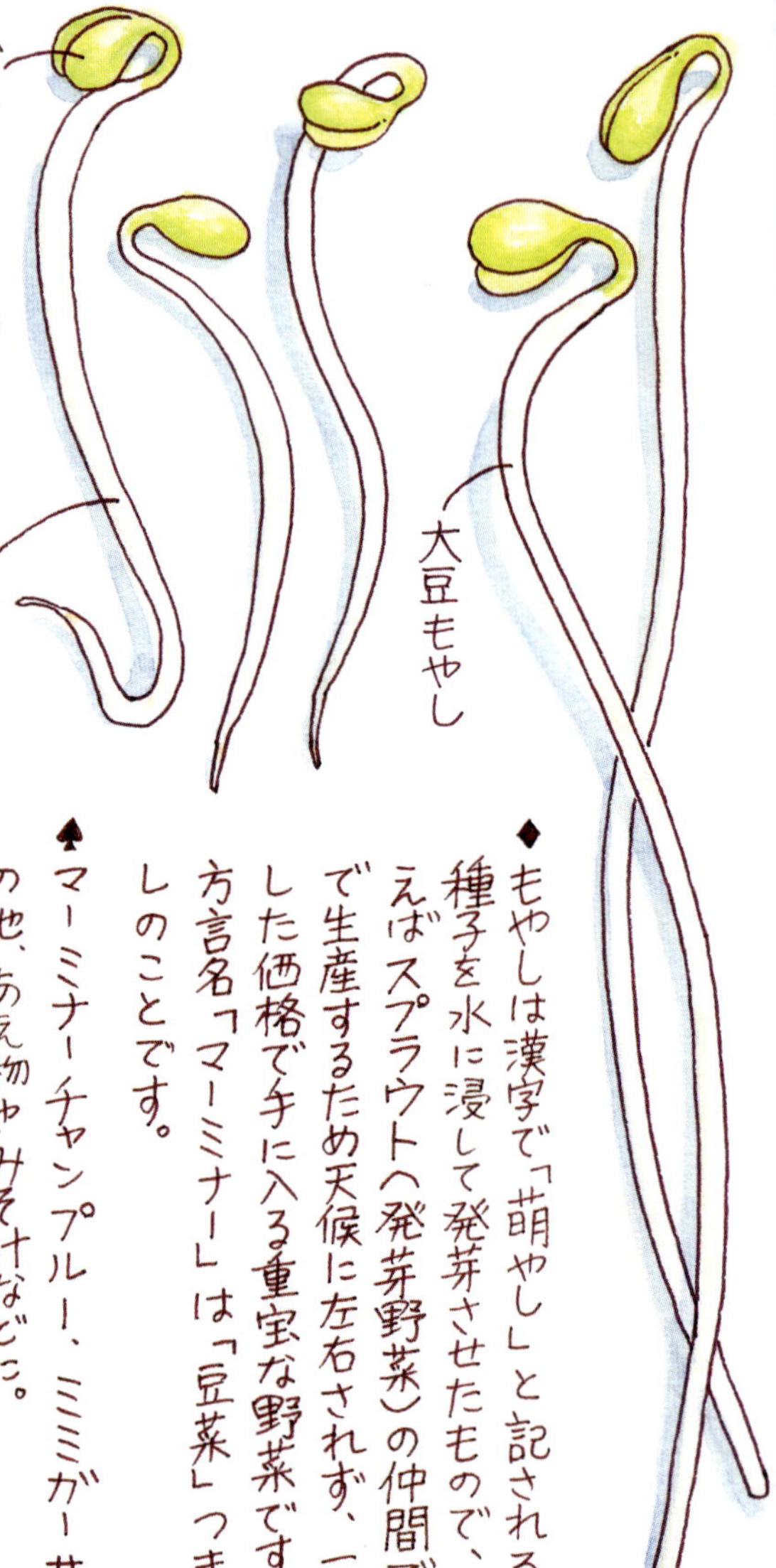

お料理がカラフルに!
小大豆もやし
大豆もやし

◆もやしは漢字で「萌やし」と記されるように、種子を水に浸して発芽させたもので、今風に言えばスプラウト（発芽野菜）の仲間です。室内で生産するため天候に左右されず、一年中安定した価格で手に入る重宝な野菜です。方言名「マーミナー」は「豆菜」つまり豆もやしのことです。

♠マーミナーチャンプルー、ミミガーサシミ、その他、あえ物やみそ汁などに。

♥豆の状態ではほとんど含まれなかったビタミンCが、発芽することによってふえています。食物繊維も含まれます。水に長くつけたり加熱しすぎると栄養分が失われるので、調理は手早くしましょう。

♣茎が白く、全体にツヤと張りのあるものを選びます。日もちはしないので、できるだけその日のうちに使いきります。保存するなら、サッとゆでて冷ましてから冷蔵庫で。

同じく豆から発芽させる豆苗（えんどう豆の若葉）

伝統の郷土料理
カシジェーエーイ

「カシジェー」とは、泡盛の酒粕のこと

「エーイ」はあえ物のこと

モズク
白身魚
マーミナー
きゅうり
魚のアラを煮て、うま味を移したカシジェー
ゴマ油、塩少々で、味を調える

カシジェーであえていただく。

糸満地方では「マーミナースーネー*」と呼ばれ、結婚式のふるまい料理だったそうです。

*「スーネー」もあえ物のこと。

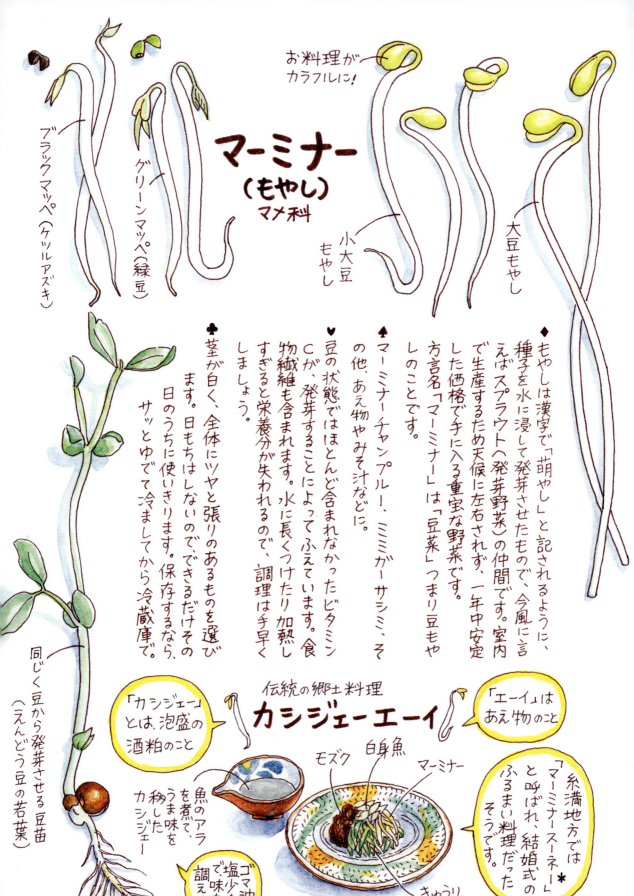

マーミナーが欠かせない一品！

ミミガーサシミ

材料（5人分）

ミミガー（耳皮）	100g
きゅうり	1本
マーミナー	60g
ピーナッツ酢 ピーナッツバター	大さじ3（50g）
白みそ	小さじ2～大さじ1
さとう	大さじ1～2
塩	小さじ1/2
酢	大さじ3

1. ミミガーは、下ゆでしたものを求め、4センチ長さの細切りにして塩をふりかけしばらく置く。
次に熱湯でゆでて塩と脂肪分を抜き、水で洗って水気を切っておく。

4cm
塩（分量外）
洗って水気を切る。
ゆでる。

2. きゅうりはせん切り。
マーミナーはゆでてザルにとり、酢をふりかけておく。

酢

3. ピーナッツ酢の材料をよく混ぜ合わせ、1、2をあえる。

ピーナッツのコクが魅力！
ピーナッツ酢あえ
合わせ酢（27ページ）に、だし汁、しょうゆ、ゴマ油少々を加えてあえます。
サッパリあえ。

ピンチの時のお助けメニュー！

マーミナーチャンプルー

材料（4人分）

マーミナー	300g
島豆腐	1/2丁（約300g）
にら	50g
油	大さじ1～2
塩	適量
しょうゆ	少々

下準備

マーミナーはひげ根をとり洗って水気を切っておく。

島豆腐は手でちぎり水気を切っておく。

にらは3～4センチの長さに切る。

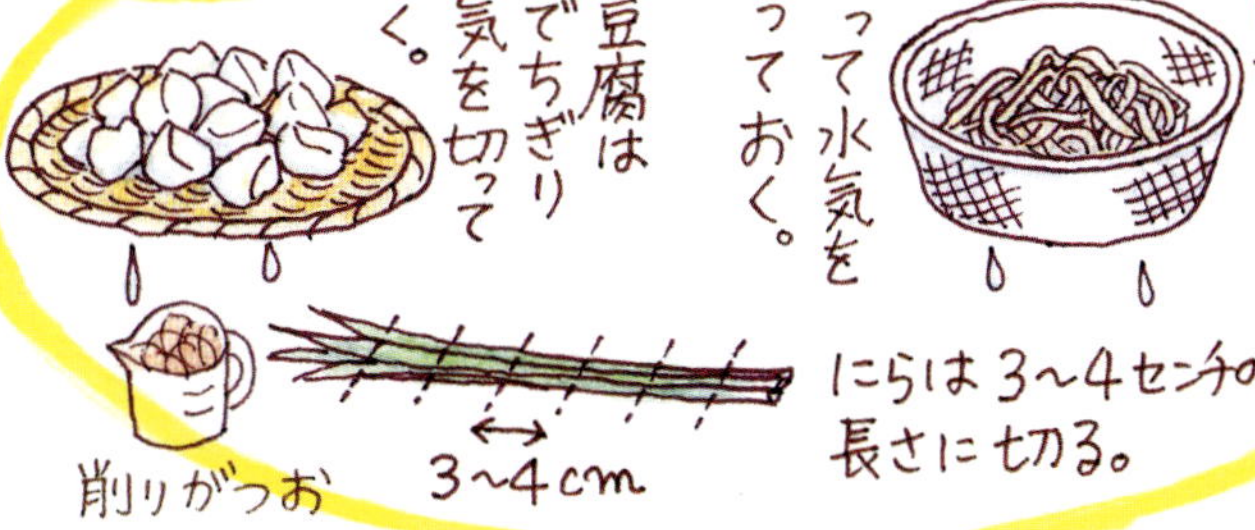

削りがつお
3～4cm

下準備ができたら、21ページの「チャンプルーの基本」を参考にして作る。（3の手順をはぶく）

肉を入れればボリュームがアップします。入れないのも、あっさりしておいしいよ！

それぞれの一品

▼平成十九年に農林水産省が選定した「農山漁村の郷土料理百選」。沖縄からは「沖縄そば」「ゴーヤーチャンプルー」「イカスミ汁」が選ばれました。この「郷土料理百選」、百選と言いながら選定数が九十九点なのですが、それは選定委員会の「皆様それぞれの思いで自分の一押しの郷土料理を加えて百選を完成させてほしい」との考えからなのだそうです。なるほど、同じ土地に暮らしていても、一人一人「これだ！」と思う料理はちがうでしょうから、なかなか粋なはからいだなと思いました。

▼私が最後の一品を選ぶとしたら、何と言っても「にんじんシリシリー」です。他にも沖縄で覚えた料理で好きなものはたくさんあるのですが、おいしさ、手軽さ、彩りのよさ、名前のかわいさ…、いろんな理由を総合するとダントツの一番です。

▼「シリシリー」とは、千切りスライサーですりすりと(？)おろすことで、「シリシリー」したにんじんは、包丁でスパッと切った千切りより柔らかく味もからみやすいようです。やっぱり「シリシリー」してこそ「にんじんシリシリー」ですよね。包丁を使わずできるので、子どもに伝授する料理にもうってつけです。油で炒めることで、にんじんのカロテンが吸収されやすくなり栄養的にも優れています。にんじんのオレンジ色と卵の黄色が鮮やかで食卓が華やぎますし、お弁当に入れても全体を明るくしてくれ重宝します。

▼さて、あなたが選ぶ「最後の一品」は、何の料理ですか？

わたしの一品！

にんじんシリシリー

材料

- ・にんじん…2本
- ・トゥーナー…1缶（ツナ缶）
- ・卵……1～2個
- ・塩……適量
- ・青ねぎ……適量

1. にんじんは皮をむき、シリシリーしておく。

手を切らないように！
この道具のことを「シリシリー」と呼んだりもする。

2. 卵は溶きほぐし、青ねぎは小口切り、トゥーナーの油は切っておく。

卵

青ねぎ
にんじんの葉っぱでもOK！

ツナ缶
トゥーナーなしでにんじんと卵だけでも美味しいよ！

3. フライパンに油を熱し、にんじん、トゥーナーを入れて炒める。

溶き卵
青ねぎ
塩

4. 全体に火が通ったら、塩で味を調え、溶き卵を加え、青ねぎをちらす。

油で炒めるとにんじんに含まれるカロテンの吸収率がよくなります！

にんじんの甘みたっぷり！
モリモリ食べちゃおう！

ソーミンタシヤー

材料（1人分）

そうめん	2束
塩	小さじ1/2
油	少々
（炒め）油	適量
わけぎ	適量

1. そうめんは、たっぷりの熱湯にほぐして入れる。ふたたび沸騰してきたら、ざるにとって一気に水にさらし、水気を切る。塩と油をまぶしておく。

2. わけぎは小口切りにする。

3. 鍋に油を熱し、1のそうめんを炒め、よく混ぜて全体に油をなじませ、仕上げにわけぎを散らす。

ソーミン（そうめん）

常温保存できるソーミンやフーは、いざという時に頼れる存在。休日のお昼ごはんや、台風の時にも！

フー（麩）

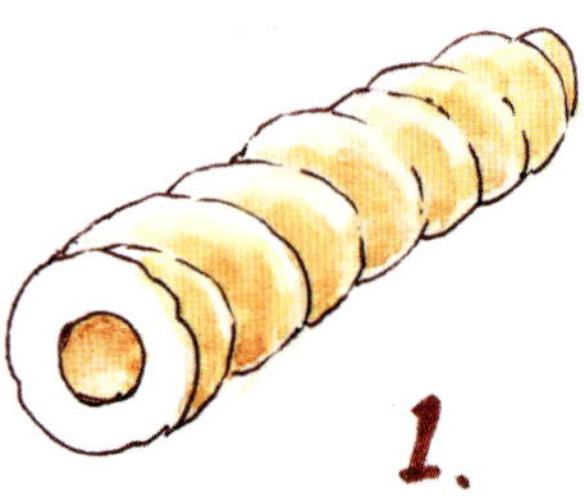

フーイリチー

材料（3人分）

車麩	1本
卵	2~3個
塩	小さじ1/2
油	適量
だし汁	1/4カップ
にら	10g

にんじんを入れると色鮮やかになります。

1. 車麩は全体を水でぬらして節目を手で割って水に浸す。

2. 十分に柔らかくなったら、水気をしぼる。

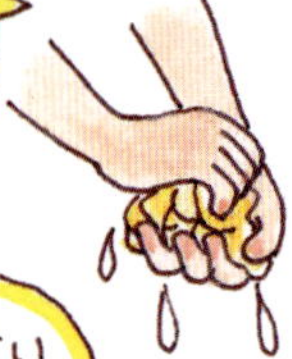
ギューッと
よくしぼるのがコツ!!

3. 2の麩を、ひと口大に手でちぎっておく。

4. ボウルに卵を割りほぐして塩を加え、3の麩を混ぜ合わせてしばらく置く。

フーに卵をよく吸わせる

5. にらは小口切りにする。

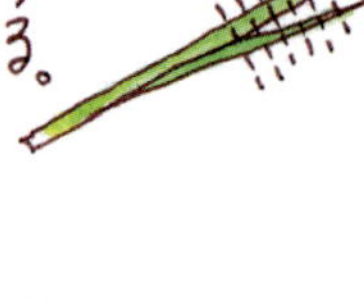

6. フライパンに油を熱し、4の麩を入れて炒める。だし汁を加えながらしばらく煮、最後ににらを加えて仕上げる。

ほどよい焼き色をつける

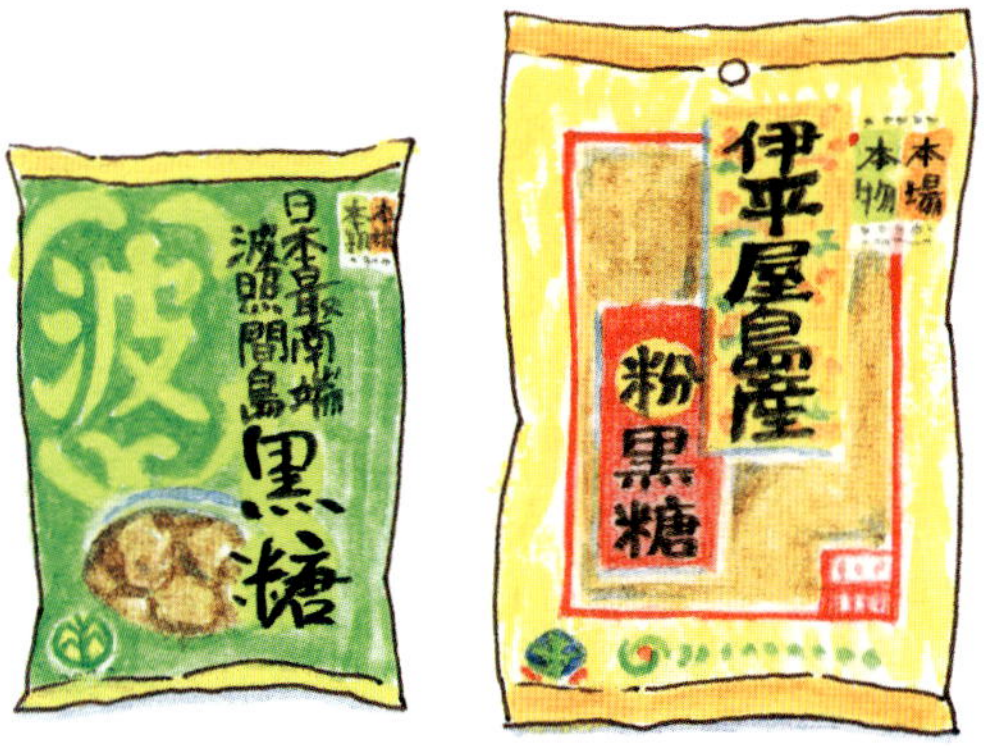

クルザーター（黒砂糖）
さとうきびの しぼり汁を煮つめて
作られる。島によって 味のちがいも。

島マース
海水を原料に作られる。
製法や種類はいろいろ
あるが、概して ミネラル成分
を多く含む。

沖縄そばに、
お刺身に。

コーレーグース
泡盛に島とうがらし
を漬け込んだもの。
味のアクセントに。

調味料

うちなーごはんを支える
調味料たち。自然の恵み
を生かした 滋味のある
ものが 多いです。

フィファチ
ひはつもどき（コショウ科）
の実を炒って粉にした
香辛料。八重山そばに。

小ぶりながら、辛い
島とうがらし。

豚だしとともに
うちなーごはん
の味の土台に
なっています。

かつおぶし

シマザキ
（泡盛）
かくし味にも
おいしいお酒を。

生の果実
がない
時期にも

シークヮーサー果汁
酢のかわりに
ドレッシングなどに。

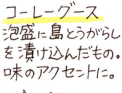

うちなーごはんのコトバ③

（料理に関するウチナーグチ）

- クワッチー … ごちそう。
- マーサン … おいしい。
- ウサガミソーレ … 召し上がってください。
- クワッチーサビラ … いただきます。
- クワッチーサビタン … ごちそうさま。

冬

ウージの穂花が咲いたら、甘さをたくわえはじめた合図です。

ターンム（田芋）
タームジ、ムジ（ずいき）

サトイモ科

◆東南アジアや太平洋の島々に広く分布するタロイモの一種で、水田や湧水の近くで栽培されるので「田芋」または「水芋」と呼ばれます。親芋のまわりに子芋をたくさんつけることから子孫繁栄の縁起物としてお祝いごとに用いられます。旬は冬ですが、お正月、清明、旧盆などの行事に合わせて出まわります。

♠出産のお祝いにふるまわれる「ムジヌ汁」、おめでたい席の定番「ターンムディンガク」、首里や那覇に伝わる「ドゥルワカシー」などが代表的な料理です。すりつぶして甘味をつけたトロリとした飲物「ターンムユー」もあります。ターンムは蒸し煮して売られていますが、アクが強いのでもう一度ゆでてアク抜きしてから調理します。タームジ（生の茎）はかぶれやすいので、調理する時は手袋をするなど注意が必要です。

♥ターンムは水分が少なく、里芋の約2倍のエネルギーがあります。鉄、カルシウムも含まれます。ターンム、タームジともに食物繊維が豊富です。

♣大きくて紫色の濃いもの、水っぽくないものを選びます。日もちはしないので、早めに使いきるか冷凍保存にします。

ターンムの下ごしらえ

1. 皮をむく。

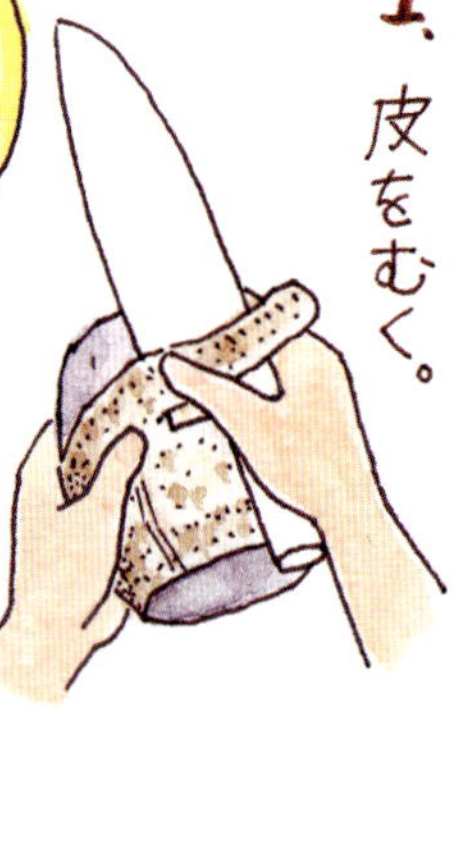

横方向に円を描くようにむく

2. 料理に合わせて切り、たっぷりの熱湯で5〜7分ゆでる。

出てきたアクはマメにとる!

3. ザルにとって、水気を切る。

ターンムとムジのハーモニー!

ドゥルワカシー

ムジが多いのが首里風、芋が多いのが那覇風。

どちらかと言うと、首里風のレシピです。

材料（5人分）

- ターンムジ…1束（500g）（田芋の茎）
- ターンム……300g
- ゆでた豚三枚肉…50g
- 油……大さじ1
- （干し）しいたけ……3枚
- カステラかまぼこ…20g
- 白みそ（甘口）……40g
- 豚だし 1~1½カップ

ターンムジの下ごしらえ

よく洗って、表面の皮（繊維）をむく。

ターンムジの根元の芋は小さいのでとっておいて、みそ汁などに使う。

かぶれやすいので、素手でさわらないように

手袋やビニール袋でカバー!

3センチ長さに切り、柔らかくゆでる。

ふきんに包んでかたくしぼる。

1. ターンムは皮をむいて輪切りにし、下ゆでする。（右ページ参照）

ビニール袋に入れて、めん棒でたたきある程度くだいてからゆでる。

2. 他の材料は4ミリ角に切る。

水にもどした干ししいたけ

ゆでた豚三枚肉

カステラかまぼこ

3. 鍋に油を熱し、豚三枚肉を入れて、脂が溶けたら、材料を順に加えていく。（カステラかまぼこは、まだ入れない!）

①油
②豚三枚肉
③ターンム
④ターンムジ
⑤しいたけ
⑥豚だしで溶いた白みそ
⑦（最後）カステラかまぼこ

4. 豚だしで溶いた白みそを加え、木じゃくしでくだきながら混ぜる。

5. さらによく混ぜながら練り上げ、最後にカステラかまぼこを入れ、さとう、塩少々で味を調える。

"アジクーター"の代表!

手はかかるけれど、うまくいけば絶品!

お祝い事には欠かせない！

ターンムディンガク

田芋でんがく

「でんがく」という名がついていますが、いわゆる「田楽焼き」とはちがいます。「きんとん」と言ったほうがピッタリくるかも。

材料（5人分）	
ターンム	500g
熱湯	1½～2カップ
さとう	100g
塩	少々
みりん	少々
しょうがのしぼり汁	適量
レモン（みかん）の皮	少々

1. ターンムは皮をむいて2センチ角に切り、下ゆでして水気を切っておく。（68ページ参照）

2. 鍋に熱湯と1のターンムを入れ火にかけ、ターンムが柔らかくなったらさとう、塩を加える。

3. 時々まぜながら、弱火にしてゆっくり煮る。

さとう
塩
ターンム
熱湯
木べらで
こがさないように！

4. ターンムが煮くずれてねっとりしてきたら、みりんを加えてつやを出し、仕上げにしょうがのしぼり汁を入れる。

しょうがのしぼり汁
みりん
ターンムはつぶさないで自然に角がとれて丸くなるように

5. 小さめの器に盛りつけ、香りづけにレモンまたはみかんの皮を散らす。

グスージサビラ！

おめでたい席の定番料理いろいろ
出産祝に
ムジヌ汁
ドゥルワカシー
細く長く！
クーブイリチー
かんぴょうイリチー
宮廷料理の流れ
イナムドゥチ
お正月に
ナントゥーンス
松風（マチカジ）
カタハランブー
（白アンダーギー）
サーターアンダーギー
結納3点セット
重箱にも
ターンムの空揚げ
手をかけたおもてなし！
中身の吸い物

♪うちなーのわらべうた♪

にょーよー　にょー

にょーよー　にょー
じゅうしぃーや
にーとーくとぅ
くーよーやー
にょーよー　にょー

（にょー…男子の童名）

（意味）にょーよー にょー
雑炊が
煮えているから
来なさいよ
にょーよー にょー

高江洲義寛 採譜・作曲

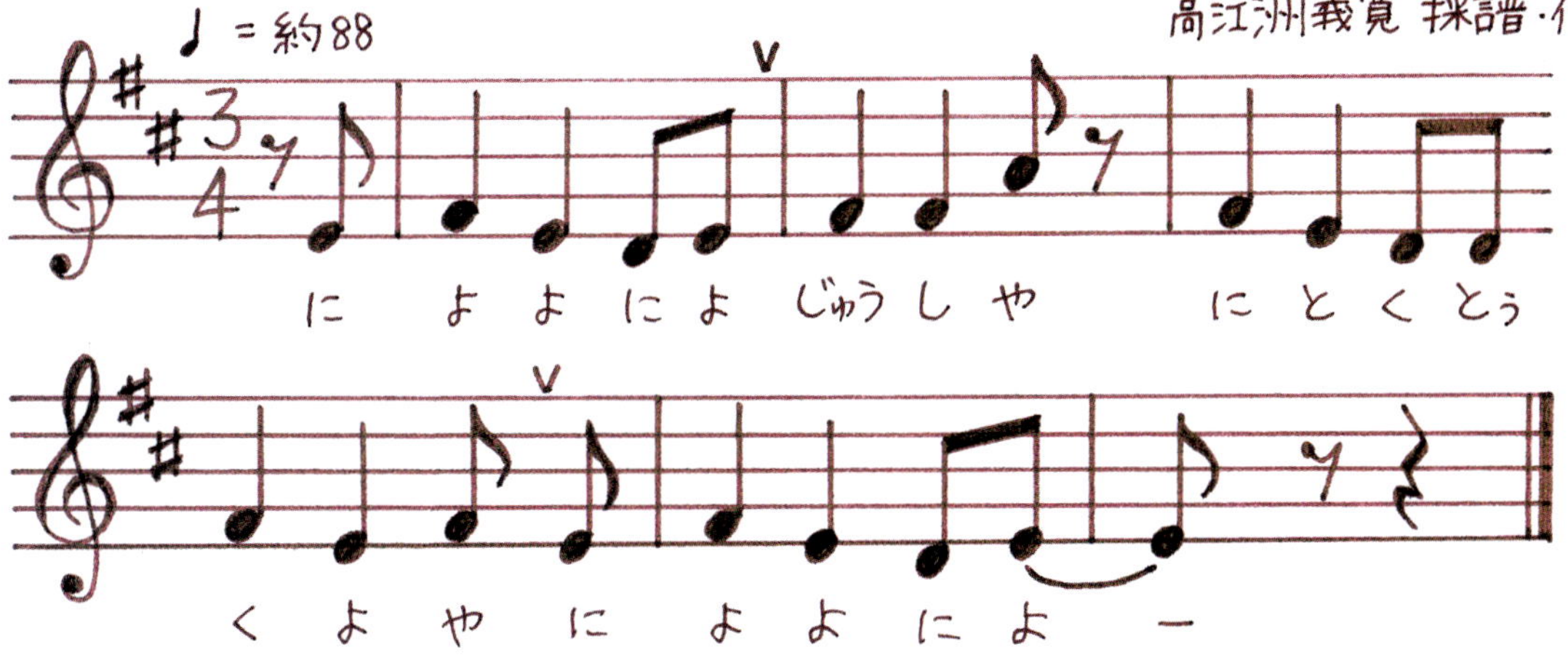

に → 2 

よ → 4 

じゅう → 10 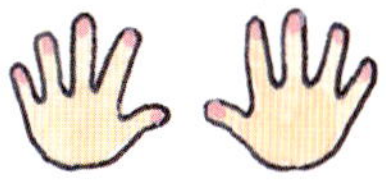

し → 4 

や → 8 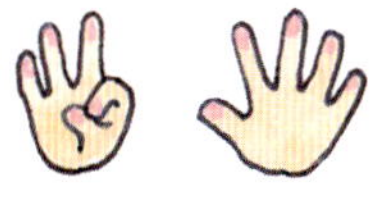

と → 10 

く → 9 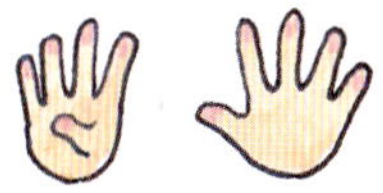

＊歌詞に合わせて指遊びをします。

高江洲義寛 著『おきなわのこどもあそびうた』より

ベランダのアタイグヮー

▼「これ、おじいちゃんの畑で今朝とってきたゴーヤーだよ」「うちで育てたフーリンナー＊食べてね」……時々友人たちからとれたての野菜をいただくことがあります。新鮮野菜のおいしさを楽しませてもらうと同時に、「こんなに上手に野菜を育てられたらいいなあ」と、うらやましく思います。

▼そんな友人たちの足元にも及びませんが、私も少しだけ野菜作りにチャレンジしています。とは言え、集合住宅の三階に位置するわが家ですので、ベランダとキッチンの窓辺のわずかなスペースしかありません。台風が来たらプランターや鉢をすべて室内に入れなくてはならないため、夏は縮小せざるを得ないのですが、冬は比較的安心していろいろ試してみることができます。

▼冬の野菜でおすすめなのが、だいこん、にんじんなどの根菜類です。ミニサイズの品種もありますが、米袋などの大きめのビニール袋を使えば、ある程度大きなものも育てられます。成長に応じて間引きしながら、間引き菜もおいしくいただけるのは、自家製ならではの楽しみでしょう。根菜類は抜いてみるまで大きさがわからないのでドキドキなのですが、根が小さかったとしても葉が食べられるのがうれしいところです。子どもたちが幼いころ、

「うんとこしょ～、どっこいしょ～」と唱えながら島だいこんを一緒に引き抜いたのは懐かしい思い出です。

種をまいて数日、土の中から小さな芽が顔を出した時の喜びは、何度経験してもうれしいものです。植物と言えども「命」をいただくのだと実感する瞬間です。虫がついてしまったりしてうまくいかない時もあるけれど、思いがけず花が咲いて心がなごむことも。小さなベランダのアタイグヮー＊ですが、自然の営みを感じながら謙虚な気持ちを思い出させてくれる、大切な場所です。

＊フーリンナー … ほうれん草
＊アタイグヮー … 屋敷まわりの小さな畑

ある冬のわが家のアタイグヮー
島大根
島ニンジン
ヒルヌファー
(ニンニクの葉)
チョーミーグサ
(長命草)
米袋や土の袋を利用
(底に排水用の穴をあける)

大根いろいろ利用法

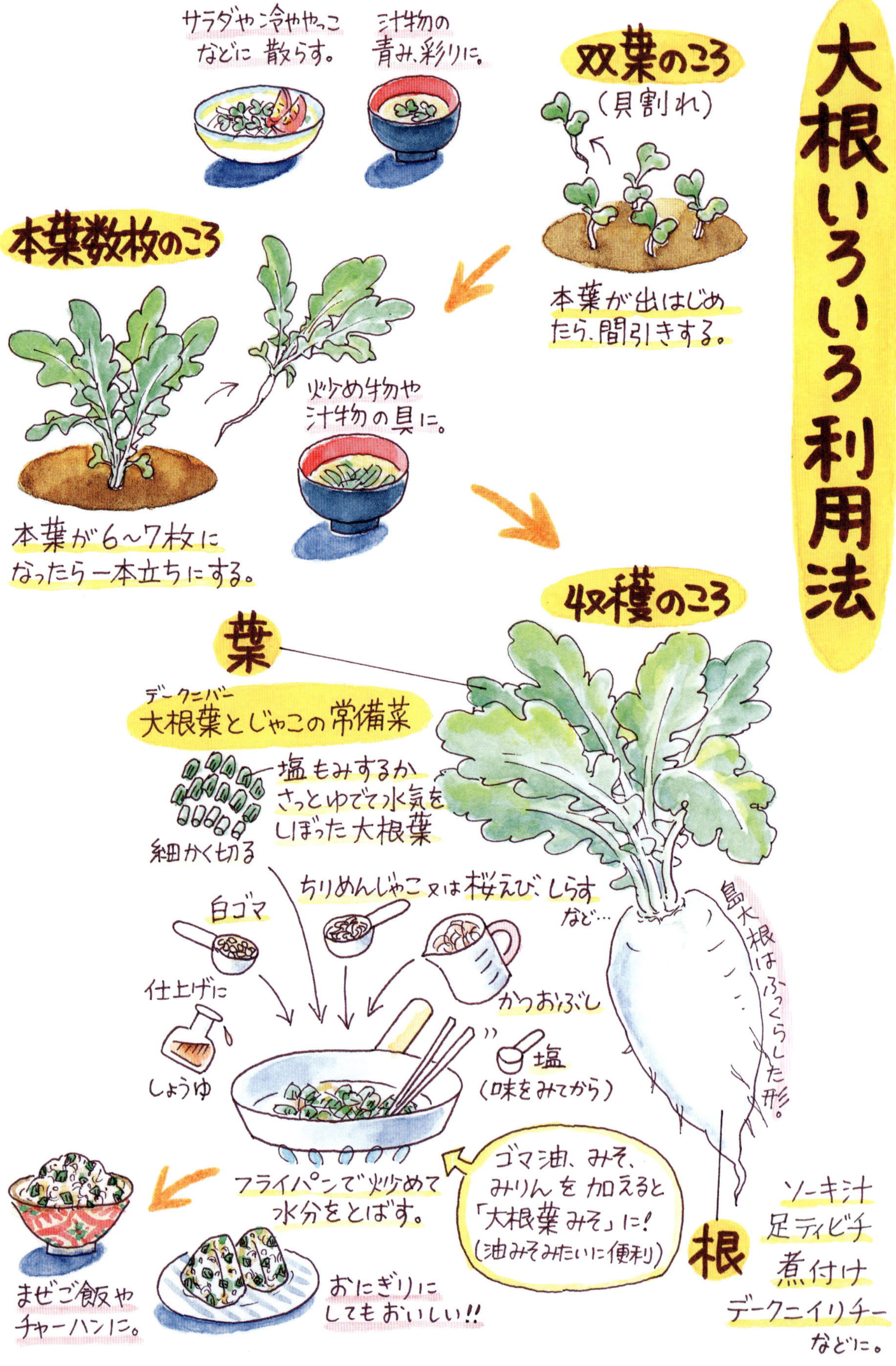

双葉のころ
(貝割れ)
サラダや冷ややっこなどに散らす。
汁物の青み、彩りに。
本葉が出はじめたら、間引きする。
本葉数枚のころ
炒め物や汁物の具に。
本葉が6~7枚になったら一本立ちにする。
収穫のころ
葉
大根葉《デークニバー》とじゃこの常備菜
塩もみするかさっとゆでて水気をしぼった大根葉
細かく切る
ちりめんじゃこ又は桜えび、しらすなど…
白ゴマ
仕上げに
しょうゆ
かつおぶし
塩
(味をみてから)
フライパンで炒めて水分をとばす。
ゴマ油、みそ、みりんを加えると「大根葉みそ」に!(油みそみたいに便利)
まぜご飯やチャーハンに。
おにぎりにしてもおいしい!!
島大根はふっくらした形。
根
ソーキ汁
足ティビチ
煮付け
デークニイリチー
などに。

デークニ（大根）
デークニバー（大根葉）

アブラナ科

▼沖縄には「大根《デークニ》ぬ出《ン》じれー、医者薬《イサグスイ》ん売《ウ》らら ん」（大根が出まわれば医者薬も売れない）という言葉があり、大根は昔から体によい食材として親しまれて来ました。沖縄在来の島大根は柔らかく味もよくしみるため、煮付けの材料などに根強い人気があります。最近では島大根と青首大根をかけ合わせた新しい品種も生まれているそうです。

♠汁物（ソーキ汁、足ティビチなど）や煮付け、イリチー、なますやおろし、漬物など調理法もさまざま。葉も、双葉から収穫まで間引きながらいつでも利用できます。

♥根にはジアスターゼをはじめとする消化酵素や食物繊維、ビタミンCが含まれます。消化酵素は消化を助けて胃腸の働きを整えてくれます。葉には、カロテン、ビタミンC、カルシウム、カリウム、食物繊維が含まれます。

♣葉がみずみずしく、根は肌が白くツヤがあり重みのあるもの。切ってある場合は切り口のきれいなものを選びます。保存する時は、葉を切りはなし、ラップに包んで冷蔵庫で。

大根のりんご酢漬け

とってもカンタン！

1. 大根は皮をむいて好みの切り方で切る。

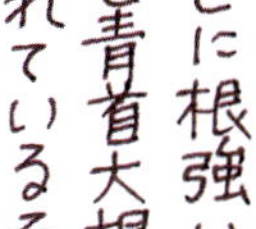

拍子木切り

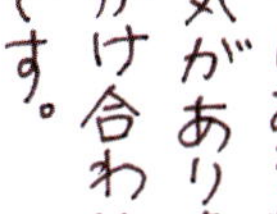

いちょう切り
など

大きさもお好みで

2. 清潔な容器に材料をすべて入れ、密封して冷蔵庫で漬け込む。

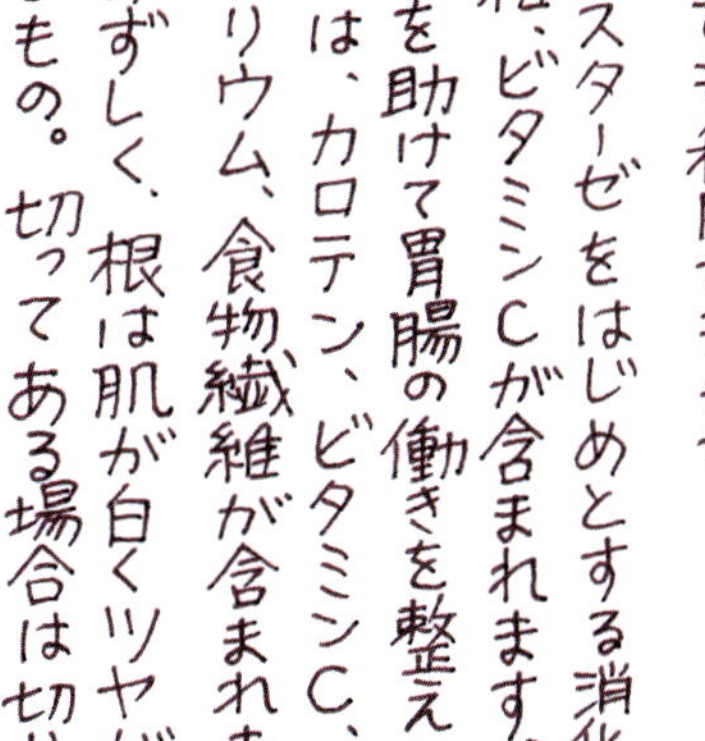

塩 25g
35ml 酒
35ml りんご酢
120g 氷砂糖
大根1本分（約1kg）

黒糖で作ると、地漬《ジージキ》っぽくなります。

（大きさにもよるが）2〜3日から食べられます。

うまみがとけ合ったやさしい味

ヌンクゥ小《グヮー》

材料（5人分）	
ゆでた豚三枚肉	150g
泡盛	大さじ1
さとう	小さじ2
しょうゆ	小さじ2
干ししいたけ	3枚
チキナー	200g
油	適量
揚げ豆腐	1枚
大根	600g
にんじん	60g
かまぼこ	100g
えんどう豆(生)	1/2カップ
煮汁　豚だし／かつおだし	1 1/2カップ
煮汁　さとう	小さじ1
煮汁　塩	小さじ1〜1 1/2
煮汁　しょうゆ	小さじ1
煮汁　みりん	小さじ1

1. ゆでた豚三枚肉は、短冊に切って、分量の調味料で下味をつける。

2. しいたけは水にもどして石づきをとり、細めの短冊に切る。

3. チキナーは水につけて塩出しをしたあと水気を切り、2〜3センチ長さに切って、油で軽く炒める。

繊維が強いので短く切る

2〜3cm

4. 揚げ豆腐は油抜きをして豚三枚肉と同じくらいの短冊切りにする。

大きさをそろえる

豚三枚肉

揚げ豆腐

5. 大根とにんじんも短冊に切る。

大根

にんじん

塩をふっておき、水気が出たら軽くしぼる。

6. かまぼこも短冊切り。

7. えんどう豆は、色よくゆでておく。

8. 鍋に分量のだしと調味料を入れて煮立てる。

9. 1〜5までの材料を入れて、

順番

①しいたけ

②大根、にんじん

①、②が炊けたら、

③豚三枚肉

④チキナー

⑤揚げ豆腐

混ぜ合わせて煮る。

10. 9.が煮立ってきたら、⑥かまぼこと⑦えんどう豆を入れて、仕上げる。

野菜たっぷりでヘルシー！

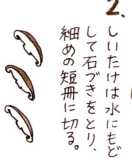

骨から出たうまみたっぷり!

ソーキ骨のお汁

材料(5人分)	
ソーキ骨	800g
水	8カップ
昆布	1枚
かつおだし	2カップ
大根	600g
塩	小さじ1 1/2
しょうゆ	少々
おろししょうが(又は、フィファチ)	少々

1、ソーキ骨は湯洗いする。

鍋にたっぷりの水とソーキ骨を入れて火にかけ…
煮立ったらゆでこぼし、真水でよく洗う。

2、大根は5センチ長さに切って、縦4つから6つ割りにし、面取りをして米とぎ汁でゆでる。

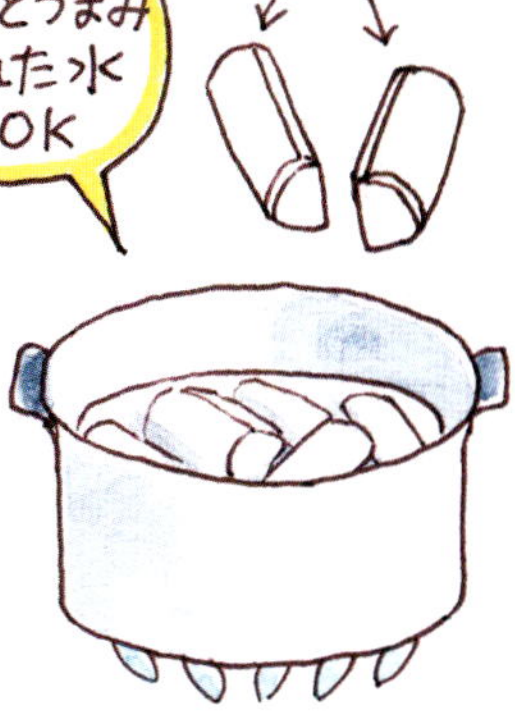
面取りする。
米ひとつまみを入れた水でもOK
柔らかくなったら、湯をすてて水で洗う。

3、昆布は洗って水に戻し、2つ折りにして結び昆布をつくる。

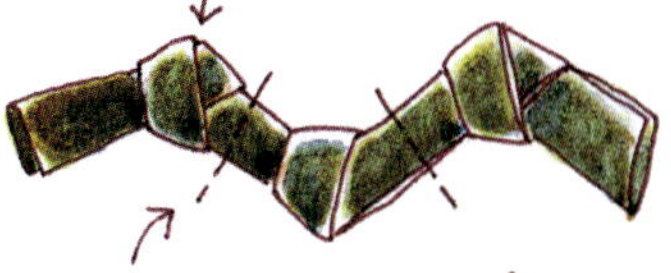
きれいに角が出るように。
幅を2つに折る。
長いまま結んで煮込み、煮えてから切る。

4、分量の水と1のソーキ骨を鍋に入れて強火にかけ、沸騰したらアクをとり、弱火にして煮立てないように1時間半くらい煮る。

かつおだし
アクはていねいにとる
昆布は、ソーキ骨の下に入れる。
煮立ったら弱火に。

5、途中で昆布とかつおだしを入れ、30~40分煮て、大根、塩、しょうゆを加え、味をよくしみこませて仕上げる。(昆布を切る。)

6、器に盛りつけ、おろししょうがをのせていただく。

ソーキ骨のお汁
足ティビチ
トロトロになるまで煮込むのがコツ!

ソーキ骨を豚足に代えれば「足ティビチ」(豚足の煮込み)になります。

ンスナバー（ふだんそう）

アカザ科

◆原産地は南ヨーロッパで、紀元前から食用にされていたという歴史の古い野菜です。日本には十七世紀ごろ中国から伝えられたと言われています。和名の「不断《ふだん》草《そう》」は、次々と葉が出てとぎれることなく収穫できることからつけられた名です。暑さにも寒さにも強く、年中栽培できますが、沖縄では寒い季節によく出まわるようです。沖縄の品種は、葉が40～60センチにもなる大型のものです。

♠ほうれん草と同じアカザ科の仲間でアクが強いので、ゆでて水にさらしてから使います。味もほうれん草に似ています。豆腐と相性がよく、白あえやンブシーに適しています。汁の具や炒め物にも。

♥カロテン、鉄、カリウム、カルシウムが含まれます。また、豊富な食物繊維がおなかの調子を整えてくれます。

♣あまり大きすぎず、葉が肉厚で緑が濃く生き生きとしたものを選びます。葉野菜なので早めに使うのが基本ですが、保存はポリ袋に入れて冷蔵庫で。

ンスナバーの下ごしらえ

1. よく洗い、葉と軸を分ける。

ヨーロッパでは軸はバター炒めやクリーム煮にして食べることが多い。葉は、ほうれん草と同じように調理します。

2. 熱湯に①軸、②葉の順に入れてゆでる。

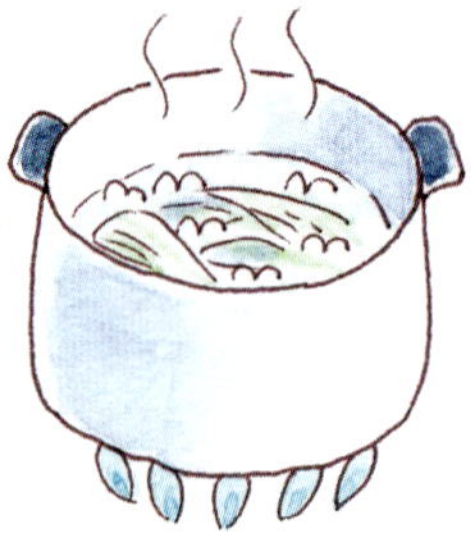

アクを抜くのが目的なので塩は入れない。

→塩を入れると、色よく仕上がるが、アクが出にくい。

3. 水に取って冷まし、

4. 水気をしぼり、料理に合わせて切る。

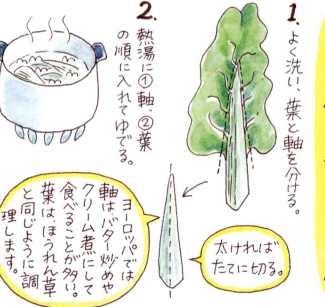

食物繊維たっぷり!

ンスナバーンブシー

下準備

ンスナバーは下ゆでし、食べやすく切って水気をしぼっておく。

豚三枚肉は、短冊切り。

みそはだしに溶かしておく。

島豆腐は手でちぎり水気を切る。

材料(4人分)

ンスナバー	約800g
ゆでた豚三枚肉	80g
島豆腐	1/2丁(約300g)
油	適量
豚だし	1カップ
みそ	大さじ4

下準備ができたら23ページの「ンブシーの基本」の手順で作る。

豆腐を入れなくても、こっくり、おいしいンブシーになります。

ほうれん草感覚で!

ンスナバースーネー

材料

ンスナバー	約300g
あえ衣 島豆腐	2~300g
あえ衣 ピーナッツバター	大さじ1
あえ衣 白みそ	大さじ1
あえ衣 さとう	小さじ1/2
あえ衣 塩	少々
白ごま	小さじ2(半ずりにする)

1. ンスナバーは下ゆでして2~3センチの長さに切り、水気をよくしぼる。

2. 島豆腐もふきんに包み、固くしぼる。

3. あえ衣の材料をすり鉢に入れてよくすりまぜる。

4. 1のンスナバーを3の衣であえる。

5. 半ずりの白ごまをちらす。

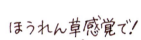

元気になあれ

▼十二月も半ばを過ぎると、南国沖縄にもトゥンジービーサ(冬至のころの寒さ)と呼ばれる寒さがやってきます。沖縄では、古くからクスイムン(薬になる食べ物=養生食)と言われるいろいろなメニューが伝えられていますが、この季節、風邪の予防やひき始めのクスイムンとして特に活躍するのが「チムシンジ」でしょう。

▼チムは肝(レバー)、シンジは煎じ汁のことで、豚レバーと豚赤身肉を島にんじんなどの根菜類とともにゆっくりと煮込んで作ります。素材の栄養がじんわり溶け出したスープを飲むと、まさに「ヌチグスイ(命の薬)やっさ~」と感じます。シンジムンの中には時代の流れとともに作られなくなっているものもあるようですが、ことチムシンジに関しては、スーパーにも豚レバーと赤身肉を合わせたシンジ用のパックが売られていて、今も家庭の食卓に生きていることがわかります。

▼もうひとつ、風邪の時のクスイムンと言えば「カチューユー」があります。マカイ(陶器の碗)にたっぷりの削りがつおとみそを適量入れ、好みでねぎやにんにく、卵などを加えて、沸騰したお湯を注ぐだけ。カチュー(かつお)のうま味と栄養が体にしみわたって元気が出る気がします。簡単でおいしいので風邪の時でなくても、朝食やちょっとしたおやつや夜食にもいいものです。

カチューユー

しょうゆや塩で味付けする家庭もあるそうです。
みそ
削りがつお
青ねぎ
沸かしたてのお湯
1〜2分フタをしてうま味を出すとGood!

▼私が幼いころは（関東地方在住）風邪をひくと「ねぎみそ汁」というカチューユーによく似たものを母が作ってくれました。どちらかと言うとねぎがメインで削りがつおはサブでしたが、作り方は同じです。だから、わが家のカチューユーは、ねぎも削りがつおもたっぷりの「ねぎみそカチューユー」になりました。母がしてくれたように、「早く元気になあれ」と、思いを込めて作りましょう。

シンジムンいろいろ

※「チムシンジ」のレシピは83ページ。

くん製にしたイラブー（エラブウミヘビ）

イラブーシンジ
イラブーを煎じたもの。滋養強壮、疲労回復に。

クヮンソウの汁
クヮンソウ（アキノワスレグサ）と牛肉、ニンジンなど。眠れない時に。

イラブー汁
煎じた後のイラブーと、昆布、豚足などを煮込む。

ターイユ・シンジ
ターイユ（フナ）とニガナを煎じたもの。風邪や熱が出た時に。
＊クーイユ（コイ）シンジもある。

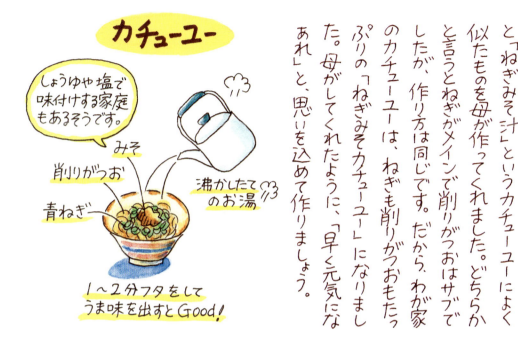

金時にんじん（京にんじん）
にんじん（西洋種）
チデークニ（島にんじん）

チデークニ（島にんじん）

セリ科

◆にんじんの原産地はアフガニスタンで、そこからヨーロッパに伝わった西洋系と、シルクロードを経て中国に入った東洋系に大きく分けられます。西洋系は根が短く、東洋系は細長いという傾向があります。全国的に西洋種が主流となる中、東洋種で頑張っているのが関西地方の金時にんじん（京にんじん）と沖縄の島にんじんです。方言名「チデークニ」は黄色い大根」の意味で、島大根と同じく12月から2月ごろの寒い時期に出まわります。

＊方言で「黄色」を「チールー」、「大根」を「デークニ」と言う。

♠チデークニとレバーを煮込んだ「チムシンジ」は、沖縄に古くから伝わる滋養食です。そのほかイリチー、炒め物、天ぷらなどに。

♥にんじんはビタミン、ミネラル、食物繊維をたっぷり含む栄養野菜。特に西洋種はカロテンが豊富です。チデークニは西洋種に比べてカロテンは少ないですが、カルシウムが多く含まれます。
葉にはビタミン類やカルシウム、鉄などが含まれるので、上手に活用しましょう。

♣首が黒ずんだり、緑がかったものはさけ、肌がなめらかで形のよいものを選びます。葉付きのものは葉を切りはなして保存します。

えらびかた

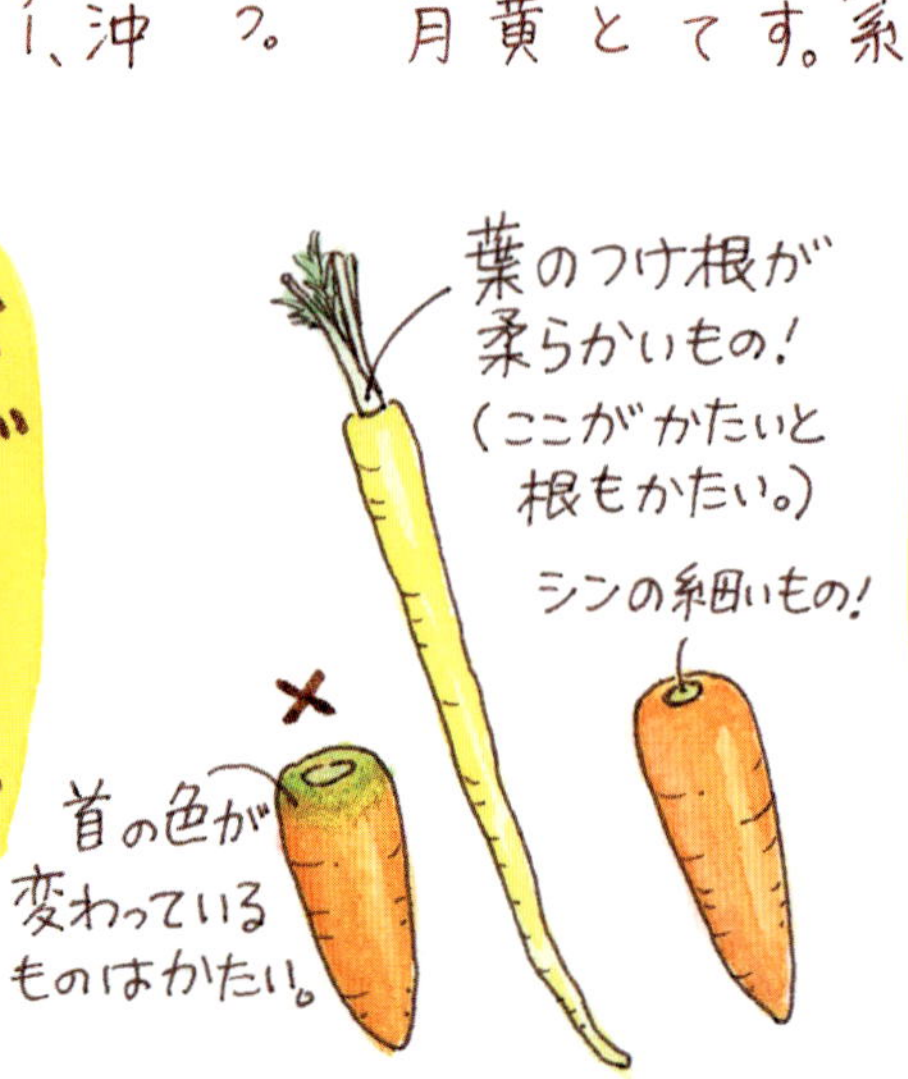
葉のつけ根が柔らかいもの！
（ここがかたいと根もかたい。）
シンの細いもの！
×
首の色が変わっているものはかたい。

下ごしらえ

包丁の背で皮をこそげとる。
ゴボウと同じ要領で
手前に引く

伝統のクスイムン！

チムシンジ

材料（4人分）

- 豚レバー……200g
- 塩・牛乳・酒……各適量
- 豚赤身肉……200g
- 島にんじん……中2本
- にんじん……小1本
- しょうが……1かけ
- にんにく……2かけ
- じゃがいも……1個
- かつおだし……8カップ
- 塩・しょうゆ……各適量
- 青ねぎ……適量

まずは！

レバーの下ごしらえ

レバーは新鮮なものを！

① 一口大のうす切りにして塩もみする。

② 流水で洗い、牛乳に10分程つけておく。

③ さらに洗って＊赤身肉とともに酒に5～10分つける。

血のかたまりは、ていねいに洗い流す！

＊赤身肉とは脂の少ない部分。ウデ肉、モモ肉など。

←レバーと赤身肉をセットにしたパック。

1. 鍋にジャガイモ以外の材料を入れ、かぶるくらいの水を加え火にかける。

シマニンジン（斜めうす切り）

ニンニク（うす切り）

ショウガ（うす切り）

ニンジン（小さめの乱切り）

レバー＆赤身肉（下ごしらえして、水気をとったもの）

アクは根気よくとる

スープがにごらないよう火加減を調節して静かに煮る。

煮立つまでは強火 後は中火～弱火で

2. 煮立ったらアクをとり、ジャガイモとかつおだしを加えてじっくり煮込む。

かつおだし アクをとった後に入れる。

ジャガイモ（一口大）煮崩れしやすいので後から入れる。

3. ジャガイモが煮えたら味見をし、必要なら塩、しょうゆで味を調える。仕上げに青ネギをちらす。

食欲のない時はスープを飲むだけでOK！

シマニンジンとニンジンの両方を入れると色合いがキレイ！

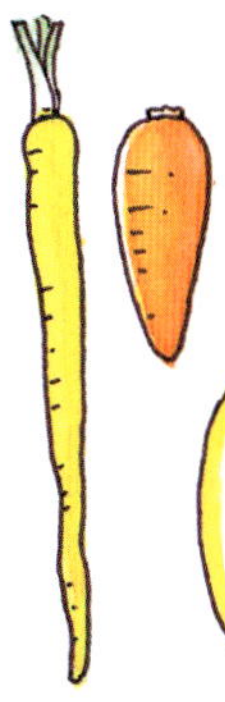

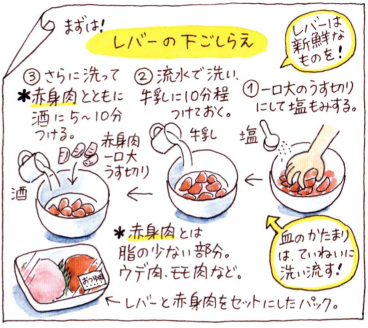

染付けのマカイ（碗）と皿

やちむん
（焼物）

うちなーごはんには
やっぱり沖縄のやちむんが
よく似合います。
染付け、イッチン、三彩、
赤絵に緑釉…
それぞれに魅力的な
温かみのある器たちです。

魚紋の盃
水中で魚がゆれて
泳いでいるみたい。

三彩の小鉢

飛びかんなのカップ

イッチンのタラフー
（ふたのある器）
黒糖入れにピッタリ。

赤絵のようじ壺

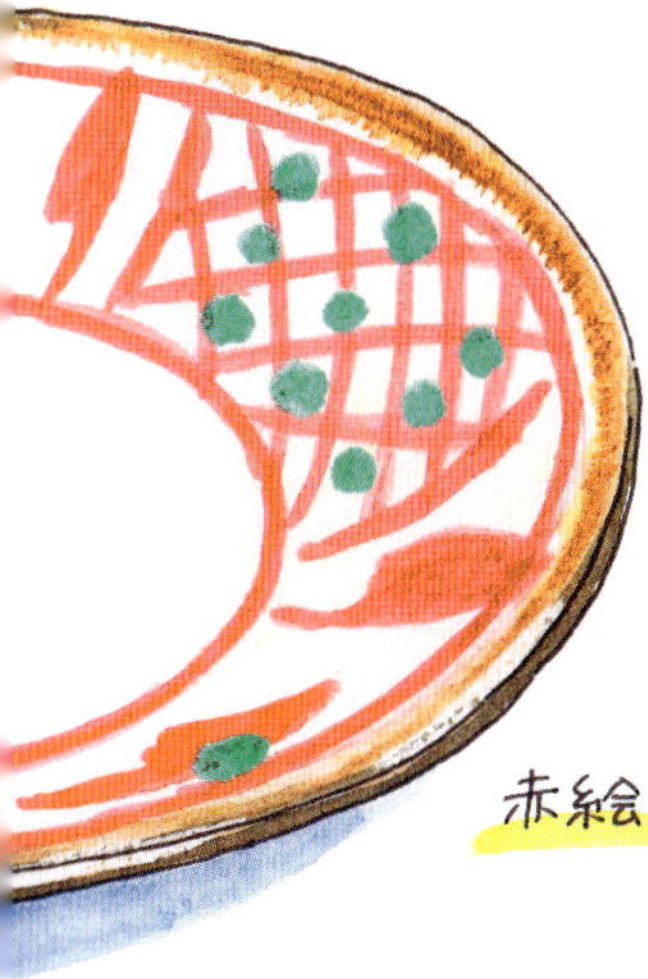

赤絵の小皿

緑釉のはし置き

ワンブー
（平たい縁のある鉢）

朝ジューシーのススメ

▼元気な一日をスタートするのに大切な役割を果たす朝ごはん。中国では朝食におかゆを食べる習慣があるそうですが、私はジューシーをよく作ります。ひと口にジューシーと言っても、いわゆる炊き込みご飯であるクファ（硬い）ジューシーと、水分の多いヤファラ（柔らかい）ジューシーがありますが、私が朝食に作るのはヤファラジューシーです。「朝がゆ」ならぬ「朝ジューシー」ですね。

▼ヤファラジューシーでは「フーチバージューシー」や「カンダバージューシー」が有名ですが、だいこん、にんじん、芋類、青菜など、手近にある野菜でいろんなジューシーが作れます。お米も白米だけでなく雑穀を少し混ぜてみると、味わい深く栄養面でもプラスになるでしょう。

▼お米から炊くのがやっぱりおいしいけれど、急ぐ時や残りご飯がある場合は、ご飯からでも大丈夫です。だし汁をたっぷり用意して、汁の中でご飯つぶが軽く踊るくらいの火加減で静かに炊けば、冷蔵庫の残りご飯もとろりと柔らかいジューシーに生まれ変わります。起きぬけに火にかけておけば、身支度をしたりお弁当を作る間にできてしまいます。消化もよく、野菜も入って栄養たっぷりのジューシーは、心も体もほんわか温めてくれるので

寒い季節の朝ごはんにぴったり。作るのも簡単ですが、器がひとつですむので、後片付けがラクなのもうれしいです。

▼ところで、わが家もそうでしたが、子どもたちがお寝坊さんの場合は、ジューシーを器によそってから起こすのが賢明です。すったもんだの末、ギリギリの時間に起きて来るころ、ちょうど食べごろの熱さに…。理想は、「早寝、早起き、朝ごはん」で、ゆったりといただきたいところなのですが。

ハフハフ
できたてはアツアツ！

〈超カンタン!! 朝ジューシーのつくり方〉
仕上げに溶き卵を加える
サラリとした仕上がりが好みなら、水洗いしてから入れる
残りご飯
市販のだしパック
あり合わせの野菜
前の晩に切っておけばなおカンタン!!
水
青ネギをちらして召し上がれ！
土鍋やステンレス鍋など厚手の鍋で!!
大根　ニンジン　ジャガイモなどがおすすめ！
すべて入れてコトコト煮るだけ！
味付けは塩でシンプルに。
フタはしないでOK！

食べ物を運ぶ時に…“サン”

親しみを込めて「サン小《グヮー》」とも。
ススキなどの葉を結んで作られる。
食べ物や子どもなどをマジムン(魔物)から
守ると信じられ、お供え物やお弁当、おすそ
分けの食べ物を届ける時などにもそえられる。
うちなーのチムグクルのこもった手作りのお守り。

春

春の海は恵みがいっぱい。アーサの緑が季節を知らせています。

シマラッキョウ
(らっきょう)
ユリ科

◆沖縄のシマラッキョウは辛味や香りが強く、方言で「ラッチョウ」または「ダッチョウ」などとも呼ばれます。夏の一歩手前、いわゆるうりずん*の頃に出まわります。季節になると大きなかめに黒糖とともに漬け込み、保存食としたそうです。「妊婦がシマラッキョウを食べていると肌のきれいな子が生まれる。」という言い伝えもあります。

*うりずん…大地が潤い、自然界が生き生きと輝き始める季節をあらわす。初夏とも微妙にちがう沖縄の季節感。

♠伝統的な黒糖漬け(地漬《ジージキ》)や、塩味の浅漬けのほか、丸ごと天ぷらにしたり、チャンプルーの具にもなります。

♥同じユリ科のねぎやにんにくと同様に、独特の香り成分に、殺菌作用や血行をよくする働きがあります。

♣黒糖漬けや甘酢漬けにはふっくらと丸みのある大きいものを、浅漬けやチャンプルーには早掘りした細長いものを選びます。すぐに芽を出すので早く使います。

シマラッキョウのはちみつ漬け

地漬《ジージキ》より手軽にできます。

1. シマラッキョウは洗って茎、ひげ根、外皮を取りのぞいて水気を切る。

2. 塩をふりかけて下漬けする。(一〜二日)

シマラッキョウ 600g

塩50g

3. シマラッキョウの水気をふきとり、清潔な容器にシマラッキョウとはちみつを入れる。上から酢をまわしかけ、密封して漬け込む。

② 酢
1/2カップ
① はちみつ
3/4カップ
③ 密封する。
水気をふきとったシマラッキョウ

2週間くらいから食べられます

春色のチャンプルー！

ラッキョウチャンプルー

下準備

島豆腐は手でちぎり、水気を切る。

卵はよく溶きほぐす。

シマラッキョウは薄皮をむいて洗い、4～5センチ長さのせん切りにして軽く塩をふる。水分が出てきたら水気をしぼっておく。

濃い緑の部分は、切りおとす。
4～5cm
せん切り
塩

削りがつお
塩
油

材料	
シマラッキョウ	300g
塩	適量
島豆腐	1/2丁（約300g）
油	適量
塩	小さじ1
削りがつお	1/2カップ
卵	2個

下準備ができたら、21ページの「チャンプルーの基本」を参考にして（3の手順をはぶく）作る。

辛味をさっぱりと！

シマラッキョウの浅漬け

1. シマラッキョウはよく洗って水気を切る。
2. 塩をふって軽くもみ、一晩つけておく。
3. 皿に盛りつけ、削りがつおをかける。

お好みでしょうゆやポン酢をかけて。

サクサクおいしい！

シマラッキョウの天ぷら

小麦粉 1カップ
卵＋氷水 1カップ

衣

さっくりと軽くまぜる。

洗って水気をよくふきとったシマラッキョウを衣にくぐらせ、中温（170～180度）の油でカラッと揚げる。

島マース
抹茶塩
などお好みで。

ハンダマ（すいぜんじな）

キク科

♦鮮やかな紫色が印象的なハンダマは、熱帯アジア原産で、沖縄から九州南部の暖かい地方に育ちます。和名の「水前寺菜《すいぜんじな》」は、熊本県の水前寺周辺で栽培されていたことに由来するとも言われています。国内では他に石川県で伝統的な加賀野菜のひとつとして「金時《きんじ》草《そう》」の名で栽培されています。沖縄では一年中収穫できますが、勢いがよいのは春から夏にかけて。葉の紫色がきれいに出るのは冬だそうです。昔から血をきれいにして貧血によい野菜として重宝され、産後の女性に食べさせたそうです。

♠さっとゆでておひたしや酢みそあえにしたり、みそ汁やジューシーの具にも。トゥーナーと一緒に炒めてもおいしい。加熱するとぬめりが出るので手早く調理します。若い葉を生でサラダにしても彩りがきれいです。

♥カロテンやビタミンB_2、鉄などが含まれます。葉の紫色は、抗酸化作用のあるアントシアニンです。

♣緑と紫の色が濃く、鮮やかなものを選びます。あまった茎は、土に挿しておくと根づいて若葉が収穫できます。

ハンダマとトゥーナーのさっと炒め

1. ハンダマは葉を摘んで洗う。

大きければ切る

2. 鍋にトゥーナーの油を入れて熱し、

3. ハンダマとトゥーナーを入れてさっと炒める。

4. 最後にしょうゆをまわし入れ香りをつける。

ツナ缶
ジューッ

火を通しすぎると、紫色が黒っぽく変化してしまうので、手早く仕上げましょう！

フーチバー
（よもぎ）
キク科

◆「よもぎ」はキク科ヨモギ属の植物の総称で、世界に約二五〇種が分布すると言われます。洋の東西を問わず、その特有の香りに魔除けの力があると信じられ、薬として利用された歴史も長い植物です。沖縄では「フーチバー」と呼ばれ、食用のほか病気の予防に絞り汁を飲んだり、葉をもんで切り傷につける、あせも予防にお風呂に入れるなど、生活の中で身近に利用されて来ました。

♠最もなじみ深いのは「フーチバージューシー」。香りが強いので臭い消しとして「ヒージャー*汁」や「アバサー*汁」にも用いられます。旧暦三月三日の「浜下り《ハマウイ》」の行事では、「フーチ餅《ムチ》」を作る習わしがあります。

*ヒージャー…ヤギ　*アバサー…ハリセンボン

♥カロテン、ビタミンB1、B2、C、カリウム、カルシウム、鉄、食物繊維が含まれます。香りのもととなるシオネールなどの成分には、殺菌作用や血行をよくする働きがあります。

♣春先の若葉が柔らかくておいしいですが、ほぼ一年中あります。日もちしないので、その都度摘んで来るか、さっとゆでて水気をしぼり、冷凍しておくと便利です。

フーチバージューシー

材料（4〜5人分）

- 油　大さじ1
- かつおだし＋豚だし　合わせて8〜10カップ
- フーチバー（よもぎ）　水の中でもみ洗いしてアクをぬく。
- 米（1合）　洗って水気を切っておく。
- しょう油　大さじ1
- 塩　小さじ2
- 豚三枚肉（ゆでたもの）　50〜100g　短冊切り

1. 鍋に材料をすべて入れて混ぜ合わせ、火にかける。
2. 煮立ったらアクをとり、弱火にしてゆっくり煮込む。

途中でかき混ぜない！

お米がふっくらと柔らかくなるまで静かに煮る

3. トロリと濃度がついたらできあがり。

溶き卵を加えるとまろやかに！

グンボー
（ごぼう）
キク科

ごぼうの葉はとても大きい!

◆お正月や清明祭、旧盆など、沖縄の行事料理（重箱料理）には欠かせない存在です。糸満地方では、ハーレーの日（旧暦五月四日）にグンボーの煮付けを山盛り作って祖先にお供えし、来客にもふるまいます。グンボーの束をいくつ使ったかで、来客の多さを自慢にしたそうです。また、ハーレーの頃のグンボーを特に「グングヮチグンボー（五月ごぼう）」とか「ハーレーグンボー」と呼ぶそうです。

♠甘辛く煮含めた煮付け、豚肉で巻いたグンボー巻き、みそ味のイリチーなどが親しまれています。

♥セルロースなどの食物繊維が多く含まれます。食物繊維は腸の働きを整え、おなかの中をきれいにしてくれます。

♣まっすぐであまり太すぎず、傷のないものを選びます。土つきのものは土をかぶせるか新聞紙でくるむなど外気に触れないようにして冷暗所で保存します。洗ったものは、ポリ袋かラップで包み冷蔵庫で保存しますが早めに使うのが基本です。

グンボーの下ごしらえ

1. 土を洗い落として包丁の背で皮をこそげとる。

いい香り～
皮の近くに うまみがあるので、むきすぎないように、軽い力で!

2. 切るはしから水にさらしてアクをぬく。

料理によって切り方いろいろ!
斜め切り
棒切り
ささがき
乱切り
あまり長くさらすと、うまみまでぬけてしまうので、5分以内で!

冷めてもおいしい 頼れるおかず！

ごぼうの肉巻き

材料（10本分）

豚ロース（うす切り）	10枚
ごぼう	2本
かつおだし	1カップ
さとう	大さじ1½
酒	大さじ2
塩	ひとつまみ
しょうゆ	大さじ1

＊塩・しょうゆのかわりにみそ、みりんを入れても！

1. 豚ロースはすじを切っておく。

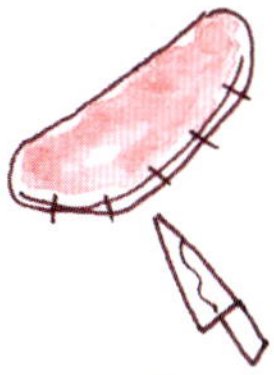

熱した時にちぢまないように

2. 洗って皮をこそげ取ったごぼうは豚肉の幅に合わせて切り、水にさらしてアクをぬき、ゆでておく。

3. ごぼうを芯にして、豚ロースで巻く。

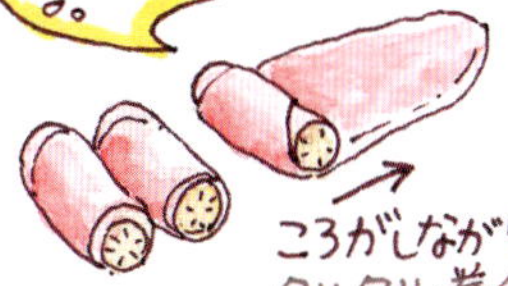

ごぼうが温かいうちに巻くと、しっかり巻ける。
ころがしながらクルクル巻く。

4. 鍋に調味料を煮立て、肉の巻き目を下にして並べ、弱火で煮る。

アクをとりながら落としぶたをしてゆっくり煮る。
フライパンなど底が平らな鍋で！

一味ちがったみそ味イリチー

グンボーイリチー

＊グンボーはかつて越来村《ごえく》（現沖縄市）の名産だったので、グンボーイリチーは別名グイク（ゴエク）イリチーとも呼ばれるそうです。

下準備

洗って皮をこそげ取ったごぼうは斜め切り。（5cm）

鶏肉は一口大に切りゆでておく。（又は、ゆでた豚三枚肉）短冊切り

白みそはだしに溶かしておく。

砂糖（お好みで）　油　しょうが（みじん切り）

材料（4人分）

ごぼう	400g
鶏肉（豚三枚肉）	100g
油	適量
白みそ	80g
だし	1カップ
しょうが	少々
さとう（お好みで）	適宜

下準備ができたら、25ページの「イリチーの基本」の手順で作る。（グンボーイリチーに限っては、だし汁に白みそを溶かしたものを使う。）

＊さとうは、味を見て必要なら加える。

＊しょうがは、最後に入れて仕上げる。

＊みそを入れず、しょうゆ仕立てにしてもOK！

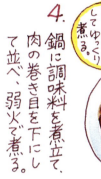

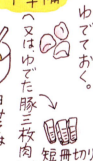

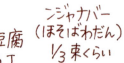

ンジャナ・ンジャナバー（ほそばわだん）

キク科

◆ンジャナは海岸近くの岩場に自生するキク科の植物です。方言名を直訳して「苦菜《ニガナ》」と呼ばれることもありますが、和名は「ほそばわだん」と言います。沖縄では古くから風邪や胃腸によい薬草として利用されてきました。秋から冬にかけては、黄色い小菊のような花を咲かせます。

♠鮒《フナ》と一緒に煎じた「ターイユシンジ」は、高熱に効くクスイムンとして知られた伝統のメニューです。「イカスミ汁」にもンジャナが欠かせません。細いせん切りにして白あえにしたり、ツナとあえてもおいしく食べられます。

♥カロテンやカルシウムが多く含まれます。また、抗酸化成分のポリフェノールが豊富に含まれます。

♣緑が濃く、葉先まで生き生きとしたものを選びます。生で食べる場合は、あまり育ちすぎていない小ぶりのものを。早めに使いきるのが基本です。

ンジャナバーエーイ

水気をよく切ってからあえるのがコツ！

ンジャナバー（ほそばわだん）
1/3束くらい
細く切って氷水にはなしてパリッとさせる。
クキは除く。

島豆腐
1/4丁
水気を切る。

1. ンジャナバーの水気をふきとって、ボールに入れ薄塩をして島豆腐をつぶしてまぜ込む。

島豆腐と塩だけ。カンタン！おいしい！

ピーナッツバターや白味噌をかくし味程度に入れてもよい。

トゥーナーを（ツナ缶）まぜると、子どもにも食べやすい。

こちらも伝統のクスイムン！

イカスミ汁

頭痛やのぼせ、産後の回復や夏バテなどによいと伝えられる。

チョーミーグサ
(ぼたんぼうふう)
セリ科

◆海岸近くの日あたりのよい岩場などに自生します。長寿につながる薬草として「長命草《チョーミーグサ》」と呼ばれ、沖縄各地で利用されてきました。地域によって、「サクナ」「ウプバーサフナ」などの呼び名もあります。八重山地方では、神様に供える料理にも使われます。

♠せきを止め、からだを温める作用があると伝えられ、風邪のひき始めに根を煎じて飲んだり、葉をレバーや根菜類と合わせて汁物にしていただきます。春菊に似た香りと、ほんのりとした苦味があります。若い葉は魚の毒消しになると言われ、細くきざんで刺身のツマにしたり、あえ物にも利用します。

♥カロテン、ビタミンC、カルシウムが含まれます。近年はポリフェノールが多く含まれることで注目されています。

♣あまり育ちすぎていない若い葉を選びます。茎はかたいので、葉だけをつみとって使います。

チョーミーグサと牛肉のお汁

だし汁に牛肉、にんにく、にんじん、チョーミーグサを入れ、柔らかくなるまで煮込む。みそで味を調える。

魚料理のツマに。

チョーミーグサを入れた「アヒル汁」も、せきに効く「ジンジムン」として伝えられてきました。

久米島では「ヒージャー汁」のくさみ消しにチョーミーグサを使うそうです。

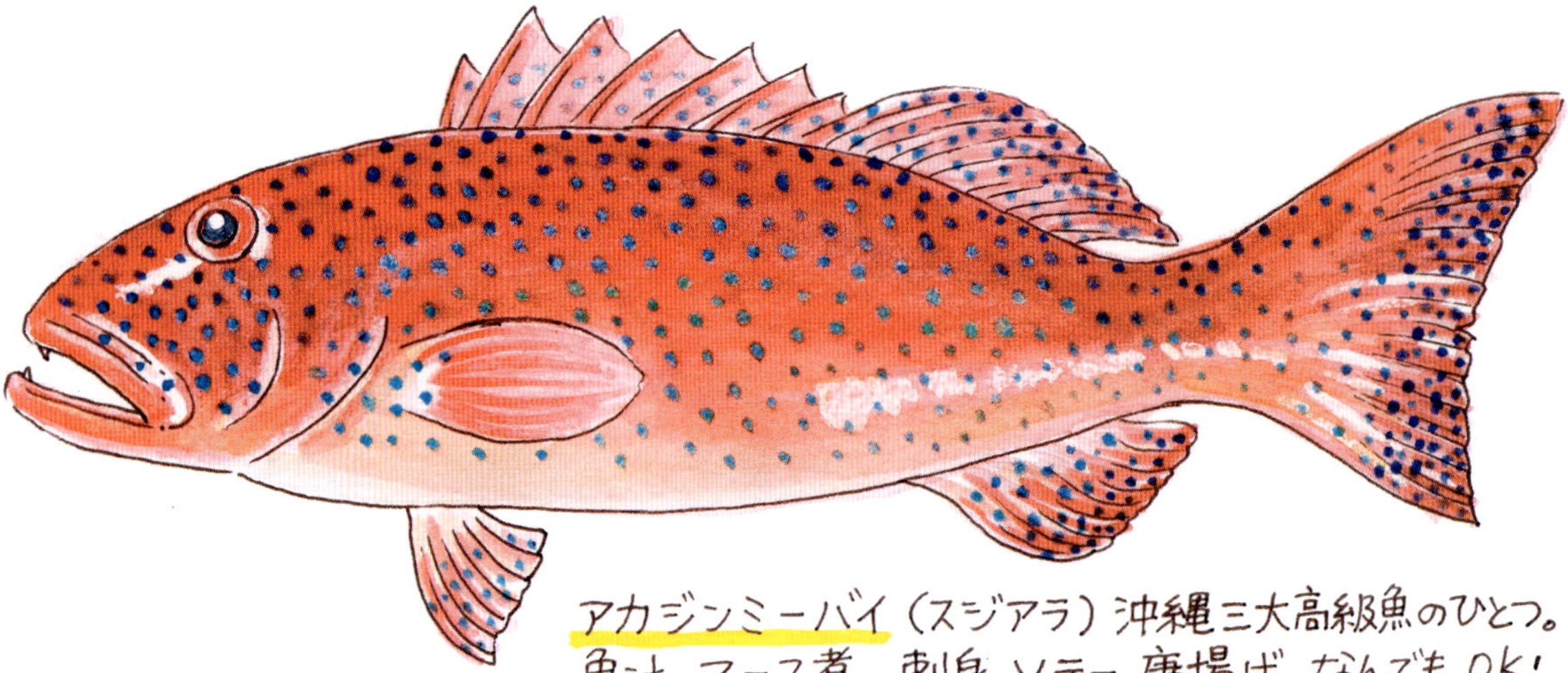

アカジンミーバイ（スジアラ）沖縄三大高級魚のひとつ。
魚汁、マース煮、刺身、ソテー、唐揚げ、なんでもOK！

イマイユ（鮮魚）

南の海の魚は、
色鮮やかなものがたくさん。
目ににぎやか、
食べてもおいしい
魚たちです。

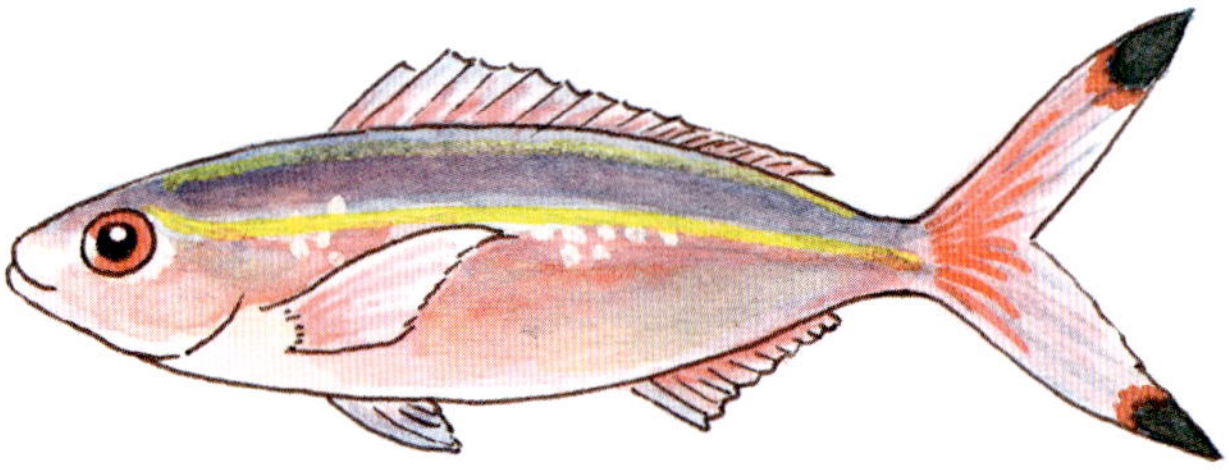

グルクン（タカサゴ）沖縄県の県魚。
唐揚げがおなじみ。

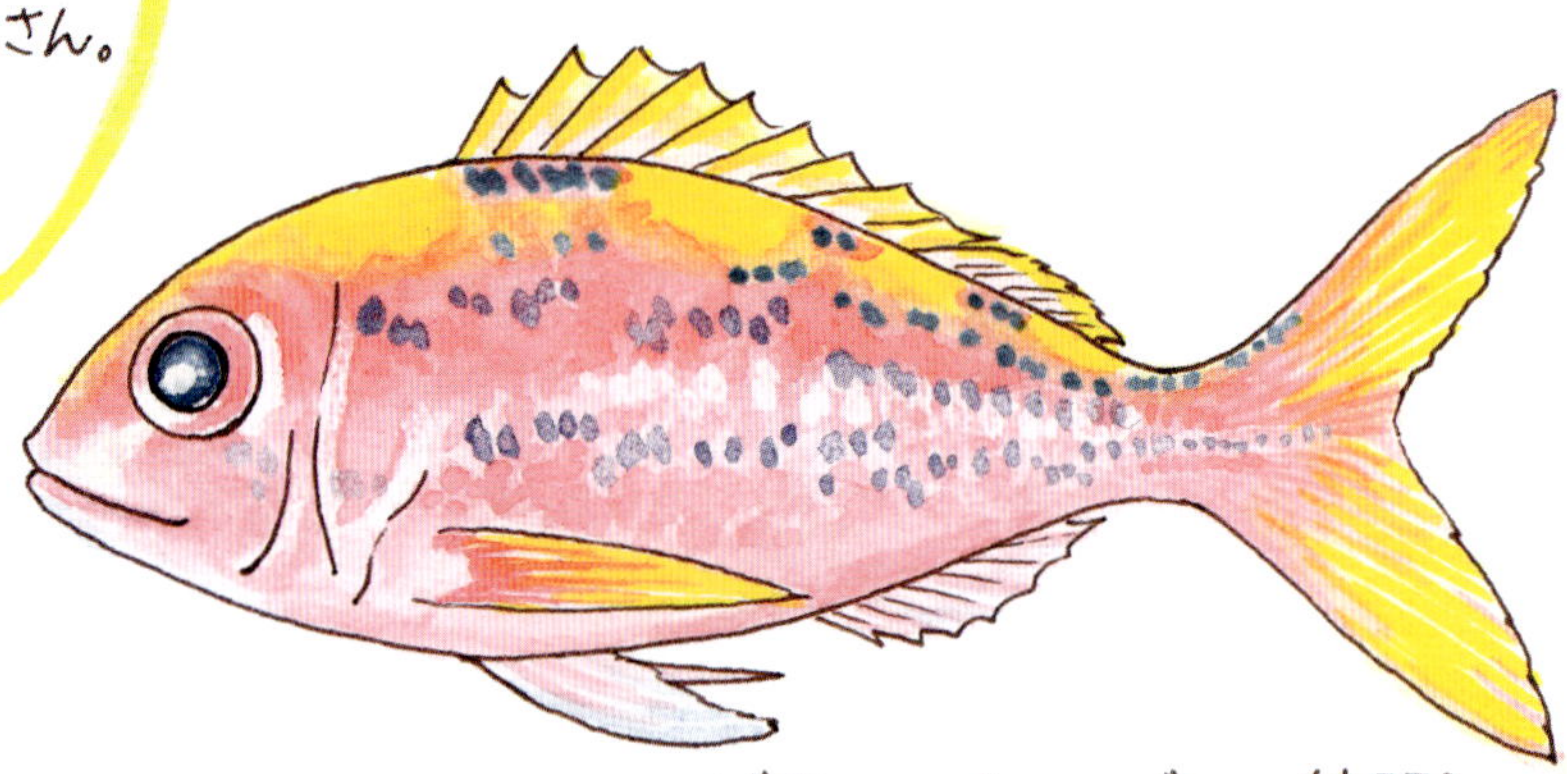

ビタロー（フエダイの仲間）
バター焼きや、マース煮で。

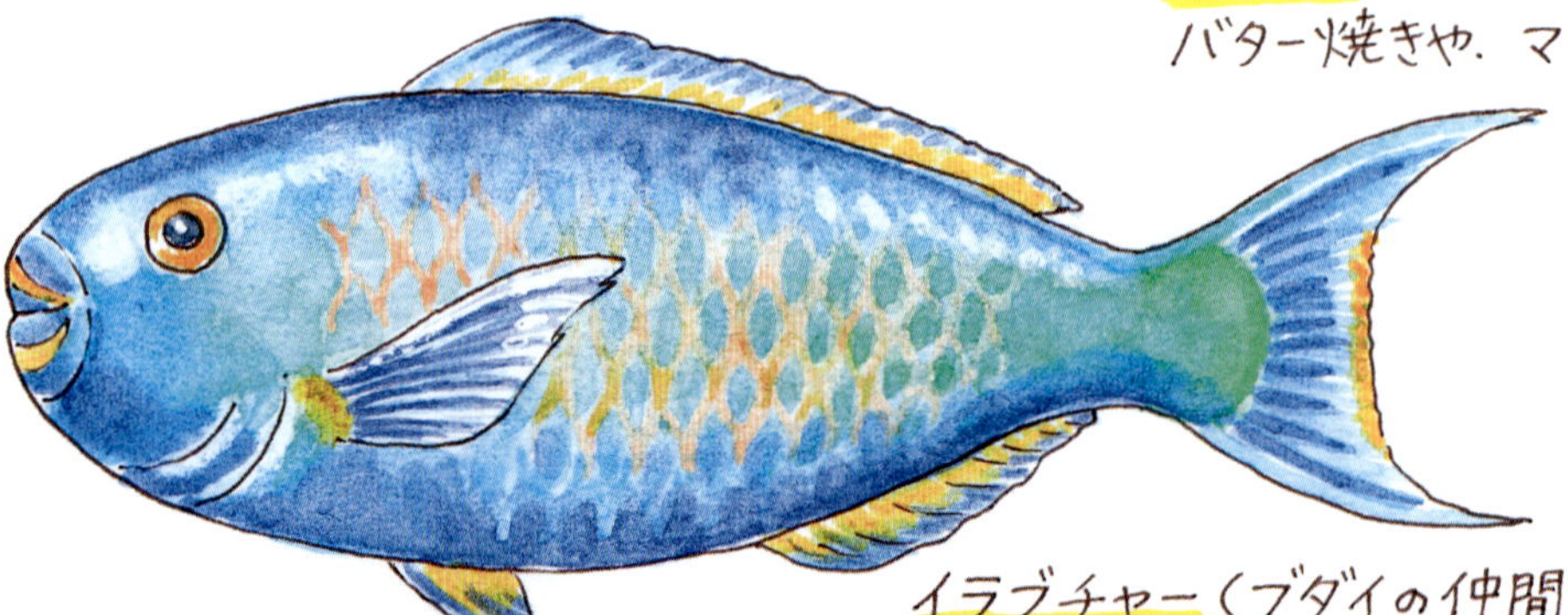

イラブチャー（ブダイの仲間・種類が多い）
皮付きの刺身や、酢みそあえで。

魚の鮮度が大事です！

白身魚のマース煮

もともとは、とれたての魚を海水で煮たという、シンプルな料理です。

1. 白身魚は、うろこ、えら、腹わたを取りのぞく。
2. 鍋に魚をならべ、ひたひたの水と塩（島マース）、泡盛少々を入れて煮る。
   ＊塩の量は、海水（約3%）より少し濃いくらい。
3. 煮立ったら火を弱め、フタをして魚に火が通るまで煮る。

水1カップに対して塩小さじ1〜2程度

臭い消しに、イーチョーバーやしょうがを加えても。

仕上げにねぎをちらす

魚は、ミーバイ（ハタ）、マチ（ハマダイなど）、ガーラ（アジ）などで。

スクガラス豆腐

ひれのトゲに注意！

エーグヮー（アイゴ）
マース煮や、魚汁に。

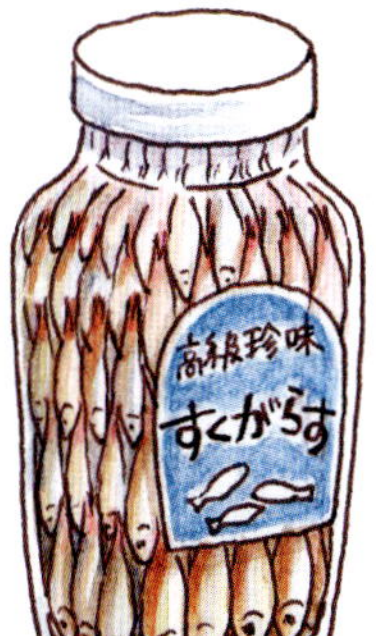

伝統の保存食！

スクガラス
（スクの塩辛）
塩漬けにして発酵させたもの。

エーグヮーの稚魚は「スク」。

毎年決まった時期の大潮の日に生まれたばかりのスクの群れが満ち潮に乗って浅瀬に押し寄せる。スクの水揚げは夏の風物詩です。

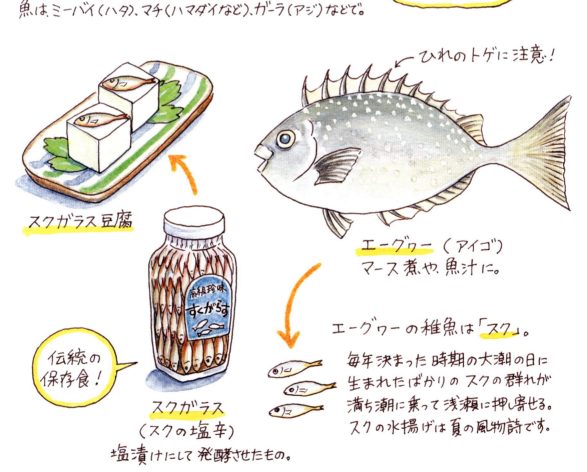

イーチョーバー（ういきょう）

セリ科

◆フェンネルの英名でも知られるういきょうは、古代エジプトでも栽培されていたという歴史の古いハーブです。日本にも平安時代には中国を経て伝わっていたようです。沖縄ではイーチョーバーと呼ばれ、風邪やせき止め胃腸によい薬草として葉や種子が利用されてきました。

♠ヨーロッパで「魚のハーブ」と呼ばれているのと同様に、沖縄でも魚汁やマース煮などの魚料理によく使われます。イーチョーバーと牛肉のお汁は、昔から風邪のひき始めやせきが出る時に食べたメニューです。葉先を細かくきざんで天ぷらやヒラヤーチーにも。

♥カルシウムやカロテン、ビタミンCが含まれます。ポリフェノールも多く含まれます。香り成分アネトールは、消化を助けて食欲を促す効果があるそうです。

♣葉の緑が鮮やかで、生き生きとして柔らかそうなものを選びます。日もちはしないので早めに使います。余ったらお風呂に入れると香りのよい入浴剤になります。

葉先の柔らかい部分を使う。
天ぷら
魚汁
白身魚のマース煮
ヒラヤーチー
だし汁にみそと塩少々で味つけ。
お好みで仕上げに油を入れる。
ジューシー
イーチョーバーと牛肉のお汁

イリチー七変化

▼チャンプルー、ンブシーと並んで、うちなーごはんのおかずとして欠かせないイリチーは、まさに「うちなーのアンマー（おふくろ）の味」です。乾物など、保存のきく材料で作るので「買い物に行けなくて冷蔵庫がからっぽ」という時のお助けメニューにもなります。

煮込むのに多少時間がかかるので、一度に多めに作って常備菜として活用します。ただ、同じ形で続けて出すと飽きてしまいますので、マンネリにならないよう工夫します。例えば卵でとじる、もしくは卵焼きに入れる、炊き込みご飯の具にする。卵と一緒に油揚げに詰めて「お袋煮」にする。細かく刻んでハンバーグやつくねに混ぜる…などなど。そんな変身ができるのも、イリチーの魅力であり、おうちのごはんの楽しさだと思います。

イリチーのアレンジいろいろ
青菜などと煮物に
つくね
和風ハンバーグ
玉子焼き
卵とじ
半分に切った油あげ
細かくきざんだイリチーと卵を入れる。
根菜類と煮物に
つまようじで止める
またはかんぴょうでしばる
お袋煮
クーブごはん
せん切りごはん
ひじきごはん
など
食べやすくきざんだイリチーと酒、しょうゆ、塩を加えて炊く。
炊き込みごはん

クーブイリチー

モリモリ食べるのが、うちなー流！

長昆布、さおまえ昆布などの、煮えやすい昆布を使います。

昆布と豚肉のうま味がとけ合って、絶品です。

下準備ができたら、25ページの「イリチーの基本」の手順で作る。かまぼこは最後に入れる。

材料（下準備）

- ゆでた豚三枚肉 150g
- かまぼこ 50g
- こんにゃく 100g

細めの短冊切りにする

水からゆでてアクぬきしておく。

- せん切り昆布 乾燥で 70g（もどして 300g）

さっと洗って10分ほど水につけてもどし、水気を切る。

もどし汁もとっておく。

- だし汁 3½カップ〜
- 油 適量
- しょうゆ 大さじ3〜4
- さとう 大さじ1〜2
- 泡盛 大さじ1〜2
- みりん 大さじ1
- 塩 少々

海藻

身近な浜辺で採れるのは
アーサ（ひとえぐさ）
モーイ（いばらのり）
スヌイ（もずく）など。
クーブ（昆布）は沖縄では採れませんが、いろいろに調理して、たくさん食べます。

アーサ汁

アッサリいただく

1、 鍋にかつおだしを煮立て、

アーサは煮過ぎないで

アーサと豆腐を加え、塩、しょうゆで味を調えてできあがり。

しょうが汁をおとしてもよい

冷たくしてもおいしいです！

マカイの中に、小宇宙を感じる美しさ！

材料（下準備）

- しょうゆ 少々
- 塩 小さじ1
- アーサ 適量（乾燥なら10g）

水にもどす

水でよく洗って砂をきれいにおとし、水を切っておく。

- かつおだし 4カップ
- 豆腐 30g

5ミリ角に切っておく。

モーイ豆腐

やんばるの伝統食です

磯の香りがあふれます

材料（下準備）

- ・かつおだし 2カップ
- ・塩 小さじ1
- ・しょうゆ 小さじ1½
- ・干しシイタケ 40g 水でもどして5ミリ角に切る。
- ・豚ロース 40g ゆでて5ミリ角に切る。

→ だし汁½カップに砂糖小さじ1としょうゆ小さじ1½を加え、下味をつけておく。

- ・モーイ 300g（乾燥なら60g） 水でもどす

  水でよく洗って砂をきれいにおとし、水を切っておく。
- ・ニンジン 40g 5ミリ角に切ってゆでておく。
- ・かまぼこ 40g 5ミリ角に切る。

1. 鍋に油を熱してモーイを炒め、かつおだしと塩、しょうゆ、その他の材料を加えて混ぜる。

モーイは加熱すると緑色に変わります
ニンジン
干しシイタケ
豚ロース
かまぼこ

2. モーイと具材がなじんだら、ぬらした型に流し入れて冷やし固める。

お弁当箱でもタッパーでもOK!

3. 食べやすく切って、もりつける。

スヌイ、いろいろ

めんつゆに漬けてよ〜く冷やして!
そうめん風
天ぷら
天つゆにつけても、そのままでも!
ジューシー
スープやみそ汁にも。
おろししょうが
キュウリ
酢の物（27ページ）

うちなーごはんで行こう！

▼『料理』という言葉を辞書で引くと「①材料に手を加えて（おいしく）食べられる状態にすること（した食物）②物事をうまく処理すること」（新明解国語辞典より）とあります。そう、料理とは「まず素材ありき」なのです。だから、「冷蔵庫の残り物」をたちまち「ごちそう」に変身させてしまうような人を見ると「本物の料理上手だなぁ」と感心してしまいます。経済的にも「献立を決めてから材料を買い集める」より、「その日あるもの、安く手に入るものを中心に献立を決める」ほうがいいはずですが、それを実行するには豊富な経験とセンス、実力が必要です。なかなか一朝一夕には身につかないものです。

しかし、そんな未熟さを補ってくれるのが、地域に伝わる郷土料理なのです。郷土料理はその土地で採れる素材をおいしく食べるための、知恵と工夫の結晶だからです。

▼春から夏にかけて、沖縄は海藻の季節です。以前、自宅近くの海岸に出かけた時に、モーイ（いばらのり）を採っている方に出会いました。お話を伺うと、やんばるのご出身で、モーイを採って帰って「モーイ豆腐」を作るとのことでした。

「子どものころは家族総出で海藻採りに行ってね。だからこの季節になると『海行きた〜い！』ってなるわけ。モーイ豆腐も子どものころから作ってるからできるわけさ〜。」

自然の恵みをおいしくいただくすべが、家族の思い出と共にある…、すてきなことだなぁと心が温かくなりました。

▼忙しい毎日、「今日のごはんは何にしよう？」と迷ったら、私は郷土料理を思い出してみます。季節の新鮮な素材が手に入れば、あとは先人たちが時間をかけて作り上げてくれたレシピが導いてくれるのです。チャンプルー、ンブシー、イリチーにあえ物、お汁にご飯…、ほら、ヘルシーで栄養たっぷりの「うちなーごはん」のできあがりです。子どもたちの心に、「季節ごとのおいしい記憶」が残りますように。

あとがき

この春、二十二年に渡った私の沖縄での生活が終わりを告げました。今や県外でもゴーヤーは普通にスーパーに並んでいますし、工夫次第で、ある程度はうちなーごはんを作ることは可能です。でも、あのアチコーコーの島豆腐やゆし豆腐はありませんしハンダマもンジャナも簡単には手に入りません。やはり、郷土の家庭料理とはそこに暮らしてこそ手軽に作れるし食べられるもの、その土地の恵みなのだと実感しています。

島野菜を中心にした沖縄料理の本を作りたいという思いは、来沖間もない頃にすでに芽生えていました。その理由のひとつには、まず沖縄ならではの島野菜への感動がありました。個性的で、元気で、美しい島野菜を素直に描きたいという思いです。ふたつめに、当時まだ健在だった父が料理好きだったことがあります。珍しい沖縄の野菜たちの料理法をまとめたら、父ならきっと喜んで読んでくれるだろうと思いました。

そして、松本料理学院の門をたたき、家庭料理と琉球料理を基礎から学び、その奥深さを知るにつけて、この魅力あふれる世界を描き伝えたいという思いは強くなっていきました。また、長く長寿県に君臨していた沖縄県の男性の平均寿命が4位から26位に急落した26ショックで、伝統的食生活の重要性が危機感を持って見直されたこと、子どもたちへの食育の必要性が注目されるようになったことにも背中を押される思いでした。

今回いよいよ本が完成するにあたって、記録をさかのぼって見たところ、最初に編集者の方に企画を持ち込んだのは二〇〇一年でした。すぐにゴーサインをいただいたにもかかわらず、いろいろな事情があって休眠状態だった期間も含めて完成までに十五年もの月日が経過してしまいました。うちなーごはんで成長した子どもたちもすでに沖縄から巣立ってそれぞれの道を歩み始め、父にこの本を見せることはかないませんでしたが、ようやく完成に至ったことを天国から祝福してくれるのではと思っています。

途中、連載の機会を与えてくださった週刊ほーむぷらざ編集部の皆さま、そして遅筆の私を長い目で見守り励まして完成に導いてくださったボーダーインクの喜納えりかさんには、感謝の気持ちでいっぱいです。また、琉球料理の素晴らしさを教えてくださった松本料理学院の松本嘉代子先生、野菜の栄養について教えてくださった前田剛希さんにも深く御礼申し上げます。

この本は、沖縄の豊かな食文化への敬意を込めた、私の沖縄での暮らしの集大成となりました。多くの友人や家族の支えがあってこそ、今日に至ることができました。本当にありがとうございました。

うちなーごはんや　ぬちぐすいないびたん！　いっぺーにふぇーでーびたん！

二〇一六年八月　　海の向こうよりアチコーコーの島豆腐を懐かしみつつ　　はやかわゆきこ

おもな参考文献

外間ゆき・松本嘉代子『食品と料理・おきなわの味』（1989）ニライ社
「日本の食生活全集　沖縄」編集委員会編『日本の食生活全集47　聞き書　沖縄の食事』（1988）農文協
新島正子『琉球料理』（1971）新島料理学院・沖縄調理師学校
松本嘉代子『琉球料理全書1・すぐ役に立つ家庭料理』（1979）新星図書
新星図書編集部編『琉球料理全書2・ふるさとの伝承料理』（1978）新星図書
沖縄大百科事典刊行事務局編『沖縄大百科事典　上・中・下』（1983）沖縄タイムス社
新島正子『私の琉球料理』（1983）柴田書店
吉川敏男編著『沖縄食の大百科2・薬膳・薬草と薬草料理』（1991）沖縄出版
外間ゆき編著『沖縄食の大百科4・沖縄の食の素材と家庭料理』（1991）沖縄出版
沖縄タイムス社編『おばあさんが伝える味』（1979）沖縄タイムス社
天野鉄夫『琉球列島植物方言集』（1979）新星図書出版
多和田真淳・大田文子『沖縄の薬草百科』（1985）新星図書出版
中田喜久子・中田福市『これでわかる薬用植物』（1990）新星図書出版
タキイ種苗株式会社出版部編　芹澤正和監修『都道府県別地方野菜大全』（2002）農文協
三橋博監修『原色牧野和漢薬草大圖鑑』（1988）北隆館
伊澤一男『薬草カラー大事典』（1998）主婦の友社
黒川雄一『食材図典』（1995）小学館
レマン・パブリケーション編集『うないブックス2　体にいい野菜料理』（1992）琉球新報社
岸朝子と豊かな食を拓く会『岸朝子のおいしい沖縄の食卓』（2000）同文書院
渡口初美『沖縄の長寿食とふるさと伝統料理』（1990）国際料理学院

山本彩香『山本彩香の琉球料理　てぃーあんだ』（１９９８）沖縄タイムス社
編集室りっか編　渡慶次富子・吉本ナナ子料理『沖縄家庭料理入門』（２０００）農文協
ＮＨＫ「ちゅらさん」制作班編　尚承料理指導『ちゅらさんの沖縄家庭料理』（２００１）双葉社
沖縄の食を考える会著・友利知子監修『長寿県沖縄の家庭料理』（２００１）那覇出版社
嘉手川学編『沖縄チャンプルー事典』（２００１）山と渓谷社
西大八重子『沖縄野菜の本』（２００２）ビブロス
尚弘子監修『沖縄ぬちぐすい事典』（２００２）プロジェクトシュリ
香川芳子監修『五訂食品成分表２００３』（２００３）女子栄養大学出版部
平良一彦監修『沖縄おばぁの健康レシピと長寿の知恵袋』（２０１０）エクスナレッジ
国立国語研究所編『沖縄語辞典』（１９７５）大蔵省印刷局
高江洲義寛『おきなわのこどもあそびうた』（２００２）ギカン文化施設研究所
『小学館の図鑑ＮＥＯ　20　野菜と果物』（２０１３）小学館
『小学館の図鑑ＮＥＯ　４　新版　魚』（２０１５）小学館

ウェブサイト

・おきなわ伝統的農産物データベース　http://www.okireci.net/dentou/
・おきなわ食材レシピねっと　http://www.okireci.net/
・九州沖縄農業研究センター　http://www.naro.affrc.go.jp/karc/index.html
・沖縄県農業研究センター　http://www.pref.okinawa.jp/arc/
・沖縄クワンソウ普及協会　http://kuwansou.ti-da.net/

著者紹介

はやかわゆきこ

1963年東京生まれ。武蔵野美術大学卒業。

1994年春〜2016年春の22年間を沖縄で暮らす。

那覇市の松本料理学院にて、家庭料理科・琉球料理科修了。

やさしくあたたかみのあるイラスト・エッセイで新聞連載等を担当。

著書に『シマ・ナイチャーの沖縄散歩』(2002年 沖縄タイムス社)

『うちなーぐちかぞえうた』(2019年 ボーダーインク)がある。

おうちでうちなーごはん!

2016年9月6日　初版第一刷発行
2022年12月15日　第四刷発行
絵と文　はやかわゆきこ
発行者　池宮紀子
発行所　ボーダーインク
〒902-0076 沖縄県那覇市与儀226-3
tel 098-835-2777　fax 098-835-2840
http://www.borderink.com/
印　刷　株式会社 東洋企画印刷

ISBN978-4-89982-305-6

※無断複写・複製・転載を禁じます。
※乱丁・落丁の場合は、お取り替えいたします。